JN437896

미래교회
성 공
키 워 드
A to Z

미래교회 성공키워드 A to Z (1)

초판 1쇄 발행 2007년 7월 20일

지은이 · 레너드 스윗 외
옮긴이 · 김영래
펴낸이 · 조병호
펴낸곳 · 도서출판 땅에쓰신글씨
주 소 · 서울시 서초구 서초동 1445-2 우진빌딩 B1
전 화 · 02)525-7794
팩 스 · 02)587-7794
홈페이지 · www.hanshi.or.kr
등 록 · 제21-503호(1993.10.28)

ISBN 978-89-85738-59-0 04230
ISBN 978-89-85738-58-3 04230 (세트)

책값은 뒤표지에 있습니다.
파본은 바꾸어 드립니다.

미래교회 성공 키워드 A to Z

1

레너드 스윗 외
김영래 옮김

땅에쓰신글씨

목차

1권

2권

● 한국어판 서문 ●

포스트모던 사회와 문화에 불어 닥친 변화는 분명 교회에게는 커다란 위기가 아닐 수 없다. 그 이유는 어찌 보면 아주 단순하다. 지난 2000여 년 간 경험해 왔던 변화의 정도와 속도가 마치 갑작스럽게 가속페달을 밟은 자동차처럼 질주하고 있기 때문이다. 그럼에도 불구하고 교회가 희망을 포기할 필요는 없다. 왜냐하면 위기 속에는 반드시 희망이 존재하기 때문이다.

폭풍우를 맞이한 배에 타고 있던 제자들이 희망을 잃지 않았던 것은 바로 배 안에 예수님이 계셨기 때문이다. 포스트모던의 완벽한 폭풍(The Perfect Storm) 속에서도 예수님은 우리와 함께하시고 우리가 자신에 대한 믿음을 더욱 굳게 갖기를 원하신다.

이 책은 독자들로 하여금 포스트모던이 몰고 온 변화를 보고 듣고 느끼게 하기 위해서 집필되었다. 여기에 제시된 사회와 문화의 변화 키워드들은 그리스도 안에서 "다름"이라는 가치를 추구하는 이들에게 이해와 통찰을 제공해 줄 것이다. 왜 "다름"인가? 우리는 오랫동안 "더 나음"이라는 가치를 좇아 끝 모르는 질주를 지속해왔다. 서점을 덮고 있는 "노하우"에 관한 책들은 부, 명예, 권력에 있어서 "더 나음"의 지름길을 가르쳐주려고 한다. 그러나 그 어느 것도 영원한 생명의 길로 인도해 주지는 않는다. 가나안 땅을 정탐하고 돌아온 여호수아와 갈렙의 "다름"을 생각해보라. 흥분되지 않는가?

특별히 이 책이 한국에서 출판되는 것을 기쁘게 생각한다. 기술문명이라는 측면에서 이미 미래로 먼저 들어선 한국은 서구의 교회들이 아직 밟지 않은 미지의 땅 위에 서 있다. 그리고 한국의 교회들은 이 낯선 환경에서도 복음의 불빛을 환히 밝히고 있다. 한국교회의 경험과 통찰이 서구교회, 나아가 세계교회를 위한 희망이 되길 기대한다. 단 몇몇의 서구교회를 답습하려는 안타까운 시도를 하지 않길 바라면서 말이다.

이 책의 번역을 맡아 준 나의 오랜 동역자 감리교신학대학교 교수/스피릿벤처미니스트리스 코리아 대표 김영래 박사에게 감사의 인사를 전한다. 그는 단순한 번역자라기보다는 내가 미처 쏟아 내지 못한 마음속의 이야기까지 전달해주는 탁월한 커뮤니케이터이다. 비록 내가 한국어를 읽을 수는 없지만 그로 인해 원서보다 더 나은 책이 출판되었음을 조금도 의심하지 않는다.

마지막으로 이 책을 출판해 준 땅에쓰신글씨의 조병호 박사에게 깊은 감사의 마음을 보낸다. 조 박사와 나는 세계의 미래교회를 향한 "동서동행"의 비전을 함께 나누고, 하나님의 마음을 읽기 위한 "통(通)"으로 보는 성경운동 "Let' s TONG!"에 공감하고 있다. 이 책의 한국어판의 출판이 미래를 향해 전진하는 동서동행의 귀중한 발자취가 되길 기대한다.

Let' s TONG!
2007년 5월 서울에서
레너드 스윗

● 옮긴이의 글 ●

본서는 "A는 귀추적(Abductive)이다: 새롭게 출현하는 교회의 언어"라는 원제를 가지고 있다. 소위 새롭게 출현하는 교회를 "이멀징 처치"(emerging church)라 부르는데, 이 책은 이멀징 처치가 이멀징 문화를 이해하고 그 안에서 의미 있는 의사소통을 할 수 있는 기본 개념을 소개하기 위해 저술되었다. 그러면 이멀징 처치란 어떤 교회를 말하는가? 위키백과사전은 이멀징 처치를 다음과 같이 정의하고 있다.

> 이멀징 처치는 21세기 개신교의 운동으로 포스트모던인들과 관련을 맺기를 원하는데 특별히 교회를 전혀 다니지 않는 사람이나 교회를 떠난 사람들에게 관심을 가지고 있다. 이멀징 크리스천은 포스트모던의 사고방식 속에서 기독교의 신앙, 규범, 방법들을 해체하고 재구축하려고 한다. 이 운동에 있어서 가장 주도적 참여자는 젊은이들로 자신들의 경험에서부터 나오는 이야기적 방법을 선호하며, 명제적 가르침보다는 성서의 이야기를 중요하게 생각한다. 이들은 멀티미디어와 인터넷과 같은 새로운 테크놀로지를 활발하게 사용한다. 이들은 전통적 기독교에서 발견되는 교리적 선언보다는 다양성과 개방성을 수용한다.[1]

지난 십 수 년 동안 교회는 "교회성장" 또는 "건강한 교회"라는 목표를 향해 달려왔다. 그리고 최근 "유기적 교회"로의 방향전환은 포스트모던시대에 교회가 단순히 "생존"만을 위해서가 아니라 "번성"을 꿈꾸며 예수 그리

---

1) *http://en.wikipedia.org/wiki/Emerging_Church.*

스도의 지상명령을 성실히 수행하려는 노력의 일환이라고 할 수 있을 것이다. 이러한 노력의 과정에서 "이멀징 처치"는 전통적 또는 기성교회의 무기력감을 탈피하기 위해 새로운 부흥의 모형을 제시하려고 하고 있다. 사실상 "부흥"(revival)이란 "생명의 재생"을 뜻하듯이 교회의 생명이신 그리스도를 재발견하고 그를 향해 "재정향"(reorientation)을 하려는 시도이다.

세계적 미래학자 레너드 스윗 박사의 통찰력과 창의력의 돋보이는 본서는 미래교회가 번성해야 할 새로운 세상에서 영적 대화를 자유롭게 나눌 수 있는 언어능력을 향상시켜 줄 것이며, 복음전파를 위한 결정적 도구를 제공해 줄 것이다.

이멀징 문화를 이해하고 이 문화 속에서 그리스도의 복음을 전하려는 크리스천과 교회를 위해 『미래교회 성공키워드 A to Z』은 매우 중요한 역할을 할 것이며, 교회의 갱신을 소망하는 이들에게 이 책을 반드시 권하고 싶다.

2007년 여름

김영래 교수
감리교신학대학교/
스피릿벤처미니스트리스 코리아 대표

들어가며

더 좋은 날이 온다!

포스트모던 상황이 기독교 신학에 위협이 되기보다는 오히려 신앙의 뿌리로 돌아가게 해주고 기독교의 여러 가지 주요 관심사를 강화시킬 수 있다고 믿는다. 단순히 유신론적 세계관이 포스트모던 세계에서도 계속해서 의미가 있다는 것만이 아니다. 성경적인 세계관은 새롭게 출현하는 문화에 거의 안성맞춤이다.

예수 그리스도의 교회를 위해 더 좋은 날이 기다리고 있다고 확신한다. 모든 측면에서 기존의 형태를 적응시켜 우리에게 주어진 새로운 상황이 제공하는 기회를 잡으려고 한다면 말이다. 하지만 우리가 완고하고 생각 없이 예전의 형태를 사수한다면, 슬프게도 예수님께서 말씀하셨던 것처럼 세 가지 선택권 밖에 없다는 것을 발견하게 될 것이다.

1. 복음의 새 포도주를 거부하고 우리가 소중하게 여기는 융통성 없는 형태들에 쉽게 담기는 모던 종교의 묵은 포도주에 머문다.
2. 복음의 새 포도주를 낡고 익숙한 형태에 담아서 결국에는 둘 다 잃는다.
3. 낡은 형태를 새로운 형태와 맞바꾸어 더 좋은 날을 본다.

조심스러운 비평가들은 포스트모던 문화를 수용하는 것에는 엄청난 위험성이 있다고 반론할 것이다. 한 가지 예를 들자면, 여기에는 복음을 다른 이질적인 요소와 섞어놓거나, 더럽히거나 희석시켜 복음의 완전함을 약화시키거나 손상시키거나 왜곡시키는 혼합주의의 위험이 있다.

물론 이들 말은 맞다. 엄청난 위험성이 있다. 하지만 이렇게도 대답할 수 있다. 이 비평가들은 스스로 모던문회에 이미 순응했던 것에 대해서도 똑같이 경계하고 있는가? 또한 무의식적인 모던적 혼합주의에 속박되어 있다면, 그들의 경고와 걱정 가운데 어떤 것이 복음으로부터의 이탈이며 어떤 것이 모던으로부터의 이탈인지를 포스트모던의 개척자들이 어떻게 구분할 수 있는가? 포스트모던 개척자들의 눈 속의 티가 모던 비평가들의 눈에 들보일 수 있지 않은가?

오해는 하지 말라. 새롭게 출현하는 문화를 수용하는 이들은 수준 낮은 신학자 또는 미치광이 이단자로 공격받는 위험성이 있다. 이런 공격은 놀랄 만한 것이 아니다. 역사를 보면 개척자들은 비난을 받거나 등에 화살을 맞을 각오를 해야 한다는 사실을 알 수 있다. 예를 들면, 1792년 윌리엄 캐리는 이사야 54장 2절을 가지고 설교를 했다. "네 장막터를 넓히며 네 처소의 휘장을 아끼지 말고 널리 펴되 너의 줄을 길게 하며 너의 말뚝을 견고히 할지어다." 이 설교의 결과로 침례교 선교회(Baptist Missionary Society)가 창립되었으며 선교의 새로운 시대가 열렸다.

'근대 선교의 아버지' 였던 캐리가 1792년 당시 그의 용기에 대해 칭찬 받았을까? 처음에는 그렇지 않았다! "사람들은 캐리의 생각에 대해 의심과 망설임으로 가득 차 있었다."[1]

마찬가지로 베드로는 사도행전 10장에서 고넬료에게 복음을 전한 것에 대해 칭찬받았는가? 처음에는 그렇지 않았다! 허드슨 테일러가 자신을 중국 사람들과 하나라고 생각했을 때 칭찬받았는가? 처음에는 그렇지 않았다.

더 최근의 일로, 척 스미스 Sr.는 히피들과 예수운동Jesus People; 예수를 믿던 히피족-역자주을 받아주었던 것에 대해 칭찬받았는가? 또는 "구도자(seekers)" 들에게 점잖게 존중해준 것에 대해 칭찬받았는가? 처음에는 그렇지 않았다.

결국, 교회는 제 자리를 찾게 된다. 하지만 처음 새로운 영역에 들어갈 때 그 정당성을 가지고 많은 논쟁과 화살이 오고간다.

사도행전 15장에 보면, 초대 사도들이 믿음을 받아들였던 이방인들이 신자가 되기 전에 먼저 할례를 받아야 할지에 관해 논쟁했던 것을 기억하는가? 그것은 가치 있는 논쟁이었으며 반드시 거쳐야 했던 논쟁이었다. 초대 교회 교부들이 이방인들을 그리스도 안에서의 동역자로 받아들였는가? 처음에는 그렇지 않았다.

---

1) S. Pearce Carey, *William Carey: D.D., Fellow of Linnaean Society* (London: Hodder & Stoughton, 1923), 84에서 인용. 설교와 그 여파에 대해서는 80-85를 보라.

하지만 사도행전은 교회에서 일어났던 최초의 큰 싸움의 결과를 알려준다. 유대인의 메시아였던 그리스도는 세상의 구세주로, 모든 문화에 그대로 들어가 변화될 수 있고 변화되어야 할 모습으로 되어갈 수 있게 도와주기 위해 오셨다. 이방인들은 예수를 따르기 위해 문화적으로 할례 받거나 유대화될 필요가 없다.

오늘날 누가가 사도행전을 다시 쓴다면, 이러한 논의를 기록했을 수도 있다. "포스트모던인이 그리스도인이 되기 위해 먼저 모던인이 되어야 하는가?"

포스트모던 신학자 조나단 스튜어트 캠벨이 쓴 다음 단락에서 해답이 나올 것이라고 확신한다.

> 포스트모던의 위기는 적어도 완전한 회개(metanoia) 이상의 것-정신의 변환과 마음의 충분한 변화를 요청한다. 교회는 여러 가지 측면에서 예수의 삶과 초대교회의 모범보다는 모던에 의해 더 많은 영향을 받았다는 가혹한 현실을 받아들여야 한다. 그러므로 회복만으로는 충분하지 않다. 교회가 모던의 영향으로부터 벗어나기 위해서는 적어도 급진적인 재교육 정도는 필요하다. 이방인들이 이제는 이방인으로서도 구원받을 수 있듯이, 포스트모던인들은 모던인이 되거나 제도화되지 않고도 예수를 따를 권리를 갖는다.[2]

2) Jonathan Stuart Campbell, "The Translatability of Christian Community: An Ecclesiology for Postmodern Cultures and Beyondy," (Ph.D. diss., Fuller Theological Seminary School of World Mission, 1999), 100-101.

이제 교회가 캐리의 설교를 다시 들을 때가 되었다. 윌리엄 캐리가 200여 년 전에 봤던 것을 학자들은 이제 보기 시작한다. 신앙과 문화를 함께 보는 것은 선교적 과제이다.[3] 우리의 선교적 미래가 로날드 콜-터너가 했던 우울한 예언의 성취로 끝날 것인가?

> 교회가 스스로를 병원 목사(chaplain)의 역할로 축소시켜 깨어진 관계를 회복시키고, 상한 자들을 돌보며, 피해 입은 곳을 복구하지만 스스로 변화의 엔진을 돌려서 변화시키는 자들을 이끌고, 설득하고, 변화시키는 일은 하지 않을 것이란 사실은 너무나도 뻔하다.[4]

이것은 교회가 처음으로 직면한 선교적 위기도 아니며 마지막도 아닐 수 있다. 하지만 교회에게는 매우 어려운 문제라는 사실이 증명되고 있다. 1998년에 기독교가 아시아 문화권에서 왜 이토록 더딘 진부를 보이고 있는지 설명하라고 바티칸으로 소환된 100명의 아시아계 주교들을 생각해보라. 그들의 답변을 통해, 그 아시아계 주교들은 '로마의 제국주의'에 문제가 있음을 드러냈다. 먼저 입을 연 이들은 베트남 주교들이었다.

---

3) Alan Roxburgh, *The Missionalry Congregation, Leadership, and Liminality* (Harrisburg, PA: Trinity Press International, 1997).

4) Roland Cole-Turner, "Science, Technology, and the Mission of Theology" in *God and Globalization: The Spirit and the Modern Authorities,* ed. Max L. Stackhouse with Don S. Browning (Harrisburg, PA: Trinity Press International, 201), 2:143.

서양의 신학, 특히 학문적인 신학은 너무 이성적이기 때문에 아시아 지역에 적합하지 않다. 아시아인들에게, 진리란 분석하거나 신비를 설명할 수 있는 것이 아니다. 아시아인들은 말보다는 침묵을 선호하며 말다툼에 얽히지 않기를 원한다.[5]

나하(Naha)의 프란체스코 주교 베르나드 도시오 오시카와는 주교들을 내표하여 "라틴 의식의 급진적인 비중앙집권화" ("주교들은 본부로부터 지시사항을 기다리는 지부의 비서들이 아니다"), 그리고 보다 큰 문화적 토착화를 요청했다. "우리의 신학적 언어와 우리의 전례(典禮)의 리듬과 구조, 그리고 우리의 교리문답의 프로그램은 구도자들의 마음을 움직이지 못한다."[6]

주교들의 경고와 예견들은 이 책에서 읽게 될 것과 유사하다. 로마 당국의 종교지도자들은 "종종 우리나라의 언어와 문화를 알지 못한다."[7] 필리핀 주교들의 말에 의하면, "기독교적 생활"은 "아시아에 '정통해야(at home)' 한다." 여러 가지 면에서 우리는 단지 당연한 것을 말하고 있다. 기독교적 생활은 다가오는 문화에 "정통해야(at home)" 한다. 하지만 분명한 것은 우리의 체제와 사고, 그리고 전략이 제대로 되어있지 않다는 것이다.

우리는 아직 이 대화를 전개해 나가는 데 있어서 가장 초기의 단계에 있

5) "Look at It Our Way: Asian Bishops Respond to Rome," *The Tablet* (2 May 1998), 571.
6) *The Tablet* (2 May 1998), 565에서 재인용.
7) Ibid.

다. 그 누구도 '포스트모던 목회의 요점'이나 '포스트모던 목회의 다섯 단계'를 가지고 있지 않다. 앞으로도 그럴 것이다. 왜냐하면 이러한 공식화된 접근 자체가 퇴색해 가는 세계에 살고 있기 때문이다. 그렇기에 우리가 취하는 형식은 일종의 속임수다. 이 책은 ABC를 토대로 정리되어 있고, ABC는 쉬워 보이지만 실제로는 그렇지 않다. 물론 어렸을 때에 ABC를 배우지만 그것을 *사용*하는 것, 즉 단어와 문장, 시와 책들, 그리고 무한한 다양성의 질문들과 진술들로 결합시키는 것을 배우는 데에는 평생을 투자한다.

마지막 마디가 아닌 첫 마디 말

우리가 다루는 주제는 이러한 형식이 어울린다. 지금은 요목이나 다섯 가지 쉬운 단계가 아니라 희미한 조각들만 보이는 시기다.[8] 우리는 마지막 마디가 아니라 첫 마디를 내뱉고 있다. 오래 남는 인상이 아니라 첫 이미지를 잡고 있다. 여기에서 얻은 통찰력들이 당신이 살고 있는 곳에서의 목회를 위한 의미 있고 실제적인 생각들로 결합되길 바란다. 덧붙이고자 하는 생각이나 혹시 입문서에 새롭게 기재할 것이나, 또는 "맞는 말이지만 이런

8) 우리는 포스트모더니즘의 지적인 세계와 철학적 세계를 이해하는 데 훌륭한 도움이 되는 Stanley J. Grenz의 저서 *A Primer on Postmodernism* (Grand Rapids: Eerdmans, 1996), 그리고 온라인 잡지 *Next-Wave, www.next-wave.org* (January 2000)에 있는 David Hopkins의 "The ABC's of Ministry in the 21st Century"(College Class of 2000)에서 영감을 얻었다.

사실도 있다"라는 식의 역설을 제공하고자 하면, 다가오는 문화 시민을 위한 웹사이트(emergentvillage.com)를 통해 기고했으면 좋겠다. 여러분의 통찰력, 반론, 그리고 견해들을 환영한다. 왜냐하면, 다시 말하지만, 우리는 다가오는 목회에서 이 책에 실린 ABC가 마지막 한 마디라고 믿지 않기 때문이다.

> Die Grenzen meiner Sprache bedeuten die Grenzen meiner Welt.
> 내 언어의 한계는 내 세계의 한계를 의미한다.
> –루드비그 비트겐슈타인(1922)[9]

이 입문서는 공동으로 만들어졌다. 레너드 스윗이 첫 초고를 제공했고 브라이언 맥래런이 요소들을, 특히 레너드의 통찰력이 교회와 사역의 일선에 어떻게 해석되는지에 초점을 맞추어서 더했다.

이 입문서는 또한 공동으로 사용할 때 가장 효과적일 것이라고 생각한다. 그래서 우리는 목록 가운데 다수에 스터디 그룹이나 리더십 수련회, 또는 스태프 회의를 위해 제리 하셀마이어가 모은 EPICtivity(EPIC 활동)를 포함하여서 저자들이 이 책을 만들면서 경험한 파트너십과 시너지를 독자들도 책을 보면서 경험할 수 있도록 했다.

---

9) Ludwig Wittgenstein, *Tractatus Logico-Philosophicus* [5.2], 2d ed. (London: Routledge & Kegan Paul, 1933), 149.

통찰력 있는 독자들은 책 내용에 분명한 모순이 있다는 것을 알아차릴 것이다. 그 가운데 적어도 대부분은 실수가 아니다. 이렇게 포스트모던에 대한 다수의 견해가 있을 때에[10] 독자는 긴장감을 해소하려고 하기보다는 그 신비를 숙고했으면 (또는 그냥 웃어넘겼으면) 한다. 우리는 세련되게 포스트모더니티의 영적 지형을 기술할 용기를 얻는다. 존슨 박사가 사전을 변호했던 것처럼 말이다. "사전은 시계와 같다. 가장 형편없는 것도 없는 것보다는 낫고, 가장 좋은 것도 정확할 것이라고 기대할 수 없다."

여러분 자신만의 속도로 이 책을 읽기를 바란다. 필요한 곳에서 시작하고 끝내고 싶은 곳에서 끝내라. A에서 Z까지의 순서로만 읽지 않았으면 좋겠다. (비선형의 직선성을 나타내도록 가장 많이 사용되는 글자에서 가장 적게 사용되는 글자 순으로 읽어보라: ETAIONSHRDLUCMFGYPWBVKXJQZ) 우리는 여러분에게 근대성과 탈근대성 사이의 통로를 열어가는 여행을 제공했으면 한다.

---

10) 바로 이런 이유로 어떤 이들은 *포스트모던*이란 말을 쓰기를 거부한다. 윌리엄 J. 아브라함은 현시대의 문화를 "포스트모던"이라고 말하기를 거부한다. 왜냐하면 그것은 "심하게 왜곡된 획일적인 일반화를 단정하기 때문이다. … 우리가 우리의 문화를 전체로 본다면, 지적이거나 경제적이거나 사회학적으로도 포괄적인 이론적 분석으로 평준화될 수 없는 목소리들, 세계관들, 도덕적 전통들, 생활방식들, 그리고 내적인 비공식적 논리들의 불협화음을 대면하게 된다." *Permanent Things: Toward the Recovery of a More Human Scale at the End of the Twentieth Century*, ed. Andrew A. Tadie and Michael H. Macdonald (Grand Rapids: Eerdmans, 1995), 271에서 William J. Abraham, "C. S. Lewis and the Conversion of the West"를 보라.

우리는 포스트모던인들 가운데에 있기 위해 모든 노력을 하고 있다. 우리는 결코 포스트모던***주의자***가 되기를 원치 않는다. 우리의 목표는 성서적 온전함과 문화적 토착화다. 21세기에 재현된 1세기의 교회가 아니라, 예수의 현현과 성서적 가치를 육화하고, 하나님의 선물인 미래를 향해 나아가는 21세기 교회다.[11)]

우리는 선조들이 그들의 시대에 했던 것을 우리의 시대에 하고 싶다. 그들은 절망하여 어두움을 저주하기보다는, 그들 속에 내재하시며 세상을 변화시켰던 예수 그리스도를 드러내었다.

---

11) Del Birkey, *The House Church: A Model for Renewing the Church* (Scottdale, PA: Herald Press, 1988), 28.

A is for Abductive Method
귀추적 방법

연역적 방법 Deductive method 추상적 원리에서 출발하여 구체적 실재를 구성하는 방법. 설교자들은 교리에서 출발하여 적용으로 옮겨갈 때 이 방법을 사용한다.

귀납적 방법 Inductive method 구체적 실재에서 출발하여 추상적 원리를 구성하는 방법. 설교자들은 성경을 관찰하고 그 관찰에 근거하여 교리나 원리를 설명할 때 '성서적 귀납'을 사용한다. 귀납법은 의사가 당신의 몸을 진찰한 후 잘못된 부분을 판정하는 것과 같다.

귀추적 방법 Abductive method 상상력을 통해 사람들을 사로잡고, 현재의 세계에 있는 그들을 새로운 관점을 제공하는 다른 세계로 옮겨주는 방법. 설교자들은 비유에 대해 이야기할 때 이 방법을 사용한다. 이러한 설교들은 귀납적 혹은 연역적 설교와 매우 다르므로, 어떤 이들은 이것을 설교라 부르지 않고 "포스트 설교학적 연설"(post-homiletical discourses)[1]이라고 부른다.

철학자 찰스 샌더스 퍼스(Charles Sanders Peirce)가 만든 "귀추적 논증"[2] 이라는 문구는 실로 설교와 모든 의사소통에 있어서 강력한 함축적 의미를 가진다. 귀추적 방법으로 설교하기 위해서는 귀납적 · 연역적 개요와 요점을 버리고, 당신의 설교를 요점 없는 설교로 만들어야 한다. 다시 말해, 분석을 토대로 당신의 메시지를 구성하지 마라. 그것은 모던 시대에 중요하게 생각했던 개념이다. 그 대신 사람들을 지루하게 만들고 근심케 하는 가설들과 문제들이 가득한 현 세상으로부터 그들을 해방시키는 귀추적 경험 위에 당신의 메시지를 세워라. 설교를 창작하기 전에('설교를 쓰다' 라고 표현하지 않은 점에 유의하라) "요점이 무엇인가?"라고 묻는 대신, "어떤 이미지를 사용할 것인가?" 또는 음악적인 표현으로 "어떠한 경험을 작곡할 것인가?"라고 스스로에게 물어라.

질서정연하고 순차적이며, 예측가능하고 사리에 맞는 논증으로 청중을 이끌지 말고 마치 배심원 앞에 선 변호사가 한 가지를 논증하고 다음으로 넘어가고, 또 논증하고 다음 문제로 넘어가듯이 청중들의 옷깃을 위기에 처한 친구를 구하듯이 잡아라. 목덜미(청중들의 상상력)를 잡고 그들이 전혀 예상치 못했던 곳으로 던져버려라.

놀람과 예측불가능이 귀추적 방법의 핵심요소이다. 만일 상대방이 예측하고 있다면 그 사람을 귀추하는 것은 불가능하다. 이 예측불가능성은 "내가 문제를 정의하고, 분석하고 원인을 밝혀내어 문제를 해결하는 방법을 제시하겠습니다." 또는 "주제를 말하고 주제를 소주제로 나눈 뒤 예를 들고 각각의 요점들을 적용해 보겠습니다."라고 하는 것처럼 예측이 용이하도록 구성하는 모던 방식의 접근과 상반되는 것이다. 이러한 방법들은 분명하고 유용하며 좋은 방식이다. 하지만 예측이 가능하기에 새로운 문화 속에서는 그 유용성이 그리 크지 않다.

> 만일 당신이 진정으로 메시지를 전달하려고 한다면 메시지는 코미디의 웃음보따리를 가져야 한다. 당신이 전달하고자 하는 요점은 개의 먹이 속에 들어있는 알약이라는 것을 기억해야 한다.
>
> – 코미디언/TV 진행자 빌 메이허 (Bill Maher)[3]

방향감각상실, 경악, 경외, 놀람…. 이러한 것들이 귀추적 과정을 자극한다. 은유, 문제, 충격적이거나 신랄한 이야기, 질문이나 퍼즐 또는 역설로 당신의 청중들을 귀추하라. 그리고 예측할 수 없는 경험의 우주선으로 그들을 인도하라. 이 경험은 생각게임 또는 생각 찾기의 형태가 될 수 있다. 예를 들면 다음과 같다.

- 만일 5년 동안 무제한의 돈과 휴가를 준다면 당신은 무엇을 하겠는가? 할 수 있는 최대한, 행복하게 보내는 방법은 무엇이겠는가?
- 왜 많은 기독교인들이 성경 읽는 것을 지루하게 느끼는가?
- 왜 친구들과 믿음의 이야기를 나누는 것보다도 섹스나 초콜릿에 대해 더 많이 생각하는가?

또는 이것은 이야기의 형태가 될 수도 있다. "옛날에 두 아들을 가진 한 사람이 있었다. … 씨 뿌리는 사람이 밭에 나가 씨를 뿌렸다. … 엇그제 교통체증으로 발이 묶여 있었는데, 그때 한 큰 검은 새가 내 차의 후드 위에 앉았다. ……"

그리고 나서 귀추적 메시지가 펼쳐진다. 분석적 요점을 따르는 대신 방향을 바꾸고, 되돌아가고, 뛰어넘고, 쉬고, 옆길로 새고, 마치 대화가 그렇듯이 당신을 당신 자신 밖으로 끌어내는 경험 속으로 '귀추될' 때까지 계속한다.

퍼스는 역사상 '귀추적 방법'을 완벽하게 발전시키고 활용한 최초의 사람은 나사렛 예수였다고 말한다. "비유가 아니면 아무것도 말씀하지 아니하셨으니"(마 13:34).

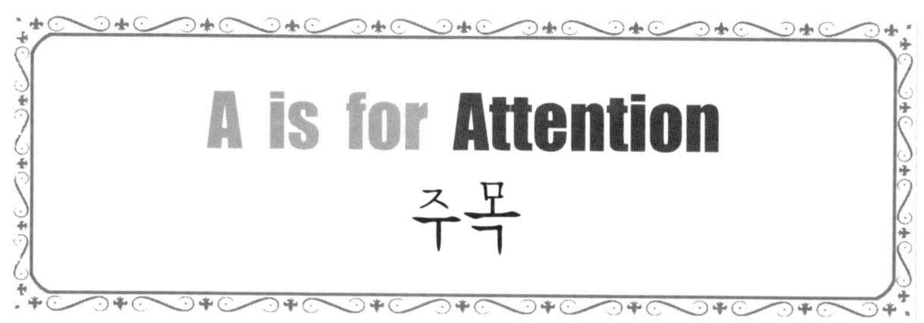

* 새롭게 출현하는 문화 속에서 가장 결핍된 자원이 되고 있는 것. 그러므로 가장 많이 요청되고 비용이 많이 드는 것.

2001년 초여름, 프록터 앤 갬블Procter & Gamble: 비누 · 세제를 비롯한 기타 가정용품을 생산하는 미국회사-역자주은 제약회사인 브리스톨 미어스 스퀴브(Bristol-Myers Squibb)에 현금 50억 달러를 주고, 모발염색제인 클레롤(Clairol) 사업을 인수했다. 이제 사람들은 자신의 모발 색깔을 계절마다 바꾸고 있다. 다른 사람들의 눈길과 주위를 끌고 싶다는 이유 때문이다.[4] 포스트모던인들은 사람들로부터 새로운 주목을 끌기 위해 지불하는 많은 돈을 아까워하지 않는다.

주목은 포스트모던 시대의 전도자들에게 중요한 자원이 된다. 모던 시대의 전도자들에게는 커다란 목소리, 힘찬 마무리, 확성기, 마이크로폰, "큰 죄에 빠진 날 위해"Just As I Am: 빌리 그래함 전도집회 시 결신자들을 무대로 부를 때 부르는 찬송-역자주를 연주할 오르간, 그리고 몇 개의 유머러스한 이야기와 분명한 도식이 필요했다. 반면 포스트모던 시대의 청중들은 당신이 입을 다물고, 확성기를 끄고, 존중하는 마음으로 바라보고 공감하면서 그들을 '주목하기' 전에는 당신에게 눈길을 주지 않을 것이다. 그들을 주목한 다음에는 속삭여 보아라.

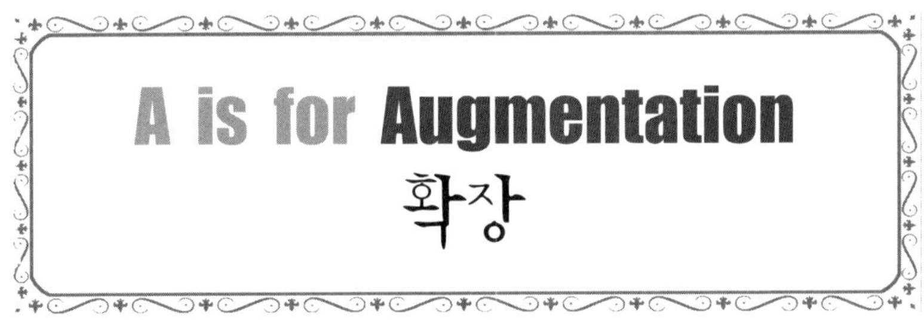

삶의 모든 영역은 '확대되고' '강력해지며' '거대해지는', 소위 '확장'이라고 불리는 증폭현상을 맞고 있다. 이러한 현상이 과거에 일어나지 않았던 것은 아니다. 모던 시대에는 인간의 지능이 노트, 메모, 종이, 시계, 전자계산기, 컴퓨터를 통해 확장되었다.

그러나 오늘날 우리의 두뇌는 '실리콘'과 '소프트웨어'라는 동반자에 의해 확장되고 있다. 확장된 실재는 이제 유전적 · 디지털 테크놀로지와 컴퓨터 두뇌와의 상호연결을 통해 이전에는 없었던 예측할 수 없는 형태를 취하고 있다. 향상된 기능의 심장이 필요한가? 심박조율기(pacemaker)나 심장세동제거기 defibrillator: 갑작스런 충격으로 심장이 멈췄을 경우, 전기 충격을 주어 다시 심장이 뛰게 하는 응급구호장치 를 이용하라. 향상된 컴퓨터 기술이 필요한가? 당신을 대신하여 행동하고 당신의 삶의 전 영역을 단순하게 해 줄 소프트웨어 도우미나 아바타 Avatar: 사이버 공간에서 사용자의 역할을 대신하는 애니메이션 캐릭터 를 써보라. 향상된 기억력이 필요한가? 이식하라.

그러나 모든 종류의 확장은 '절단'의 의미를 포함한다. 우리가 포켓용 전자계산기를 사용하면서부터 우리의 수학적 능력은 감소되었다. 타자기와 컴퓨터는 아름다운 필체로 글을 쓰는 우리의 능력을 손상시켰다.

새롭게 출현하는 목회를 위해 확장이 가지는 두 가지 직접적인 함축적 의미가 있다. 첫째로, 우리는 '확장'과 유도된 '절단'이 교환되었음을 인식해야 한다. 예를 들면, 우리는 자동차와 비행기를 타고 여행할 수 있는 능력을 확장시켰다. 그러나 우리는 어디에서든지 오랫동안 뿌리를 내릴 수 있는 우리의 능력을 절단해 버렸다. 우리는 확성기와 스피커를 통해 목소리를 증폭시켜 왔다. 그러나 듣고 침묵할 수 있는 능력을 절단해 왔다. 우리는 이메일과 휴대전화를 통해 서로 지속적으로 연락하는 능력은 확장시켜 왔다. 그러나 홀로 있을 수 있는 능력을 절단해 왔다. 우리는 비디오게임과 67채널의 케이블 TV 혹은 128채널의 위성 TV로 인해 즐거움을 누리는 능력을 확장시켜 왔지만, 이러한 확장이 있기 전 사람들이 해오던 갖가지 창조적인 일을 할 수 있는 능력을 절단해 버렸다. (과거에 사람들은 무엇을 했는가?)

우리는 철사 손잡이가 달린 흰색 판지 상자 남은 음식을 집에 싸 가지고 가는 도기백(Doggy-Bag)이라고 불리는 상자-역자주 안에 넣은 피자와 중국음식 또는 태국음식을 가지고 사람들에게 음식을 제공할 능력을 확장시켜 왔다. 그러나 우리는 서로 음식을 하나씩 만들어 와서 함께 먹는 파티를 없애버렸고 옛 방식의 환대가 담긴, 집에서 구운 빵을 없애버렸다. 그렇다면 무엇인가 귀중한 것을 잃어버린 것은 아닌가? 새롭게 출현하는 지도자들은 이러한 질문을 해야 할 필요가 있다. 왜냐하면 확장이 증대될 때 절단도 함께 증대되기 때문이다.

둘째로, 우리는 새로운 확장에 대한 소박한 모던시대의 낙관주의에서 벗어날 필요가 있다. 모든 확장이 매혹적인 것은 아니다. 우리는 유익이 가져다주는 대가를 생각해야 한다.

예를 들면, 1960년대 한 메노나이트 교회 Mennonite: 16세기 종교개혁의 급진적 개혁운동인 재세례파에서 발생한 프로테스탄트 교회에서는 손으로 제작한 비둘기 집처럼 교인들의 수만큼 구멍을 낸 나무편지함을 가지고 의사소통의 수단을 확장시켰다. 누구든지 동료교인에게 소식을 전하고자 할 때마다 간단히 상대방의 우편함에 편지를 넣어두면 되었다. 분명히 유익한 의사소통 수단이었다. 그러나 그 대가는 무엇이었는가? 오늘날의 목회자들은 이 편지함을 싫어한다. 왜냐하면 본의 아니게 이 의사소통 시스템에서는 새로운 신자들이 제외되기 때문이다. 이 시스템은 성장하지 않는 교회를 위해 고안된 것이다. 이것은 교인들 안에 고정된 사고방식을 강화시킨다. 유익이 있었던 만큼 그에 대한 부정적인 대가도 컸다. 목회자들은 이제 교회가 이 낡은 확장 방법을 없애고 새로운 방식을 채택하길 바라고 있다.

생각해 보라. 자기조절능력 확장이 당신을 더 좋은 신자로 만들 것인가 아니면 그렇지 않을 것인가? 약이나 건강보조식품을 먹어 당신의 기분을 좋게 하는 것이 '사랑, 기쁨, 평화'의 지수를 높게 함으로써 당신을 좀 더 그리스도인답게 만들 수 있을까? 그 유익의 대가는 무엇일까? 3천 달러를 지불하면, 당신이 원하는 성별의 아이를 가질 수 있다.[5] 이러한 방법으로 더 좋은 크리스천 가정을 가질 수 있을까?

사람들을 "좋은 것보다 더 낫게",[6] 즉 더욱 음악적이고, 더욱 지적이고, 더욱 운동능력이 발달한 사람으로 "고치는"(repair) 문제는 22세기의 어린이들에게 중요한 윤리적 문제 중 하나가 될 것이다. 프린스턴대학의 생물학자 실버(Lee Silver)는 두 종류의 체제를 상상했다. 유전자적으로 빈곤한 "자연인"(Naturals), 그리고 이들과 함께 존재하며 이들을 지배하는, 유전자적으로 향상된 "유전자적 부자"(GenRich)가 그것이다.[7]

당신은 무엇을 선택하겠는가? "유전자적 부자" 혹은 "자연인" 중 어느 편에 속할 것인가?

Augmentation
확장

'세미스' 라 불렸던 초기 트랙터의 디자인은 정면이 납작한 형태였다. 그리고 수 년 동안 다른 디자인은 볼 수가 없었다. 앞면이 둥그런 새로운 디자인이 개발되었으나, 많은 트랙터 운전사들은 일시적인 유행일 것이라는 생각으로 그 새 디자인을 외면했다. 디자인의 변화가 성능을 상당히 향상시켰고 연비도 증가시켰다는 사실이 증명된 후에야 반감은 감소되었다. 디자인의 변화 정도는 단지 10%에 불과했다. 그렇게 작은 변화가 큰 결과를 만들어낸 것이다.

- 새로운 모델이 소개되었을 때, 그에 대한 감정적 저항이 생기는 가장 큰 요인은 무엇이라고 생각하는가?

- 만일 당신의 주변에 변화가 전혀 일어나지 않는다면, 어떤 일이 있을 수 있을까?

- 당신이 지금 진행하고 있는 프로젝트에서 어떻게 10%의 변화를 만들어낼 수 있는가?

- 확장이 잠재적으로 무엇을 절단시킬까? 이것을 견디면서 살 수 있겠는가? 그 이유는 무엇인가?

A

1. 이 표현은 오하이오주 애크론의 성공회 사제인 짐 비브(Jim Beebe)가 만든 문구이다.
2. K. T. Fann, *Peirce's Theory of Abduction* (The Hague: Martinus Nijhoff, 1970). 퍼스의 귀추법과 철학자/정신분석학자 Julia Kristeva의 에브젝션(abjection)의 개념을 비교해보라. 참고 Julia Kristeva, *Powers of Horror: An Essay on Abjection,* trans. Leon S. Roudiez (New York: Columbia University Press, 1982).
3. *George* (December/January 2001), 98에 실린 Larry Platt의 기사 중에서 인용.
4. 모발염색 관련 세계시장에 대해 회의적인 나이든 연령층은 370억 달러의 모발 관련 산업 중에서 가장 급속히 성장하는 부분이 바로 이 부분이며, 가장 빠르게 성장하는 소비층은 14-24세이고, 모발염색의 가장 큰 이유는 "주목을 받기 위해서"라는 사실을 보고한 Clairol의 이야기를 들을 필요가 있다. 참고 "Fast-growing Business," *The Economist* (26 May 2001), 68.
5. 이는 여성을 결정하는 정자와 남성을 결정하는 정자를 구별하는 방식으로 버지니아 주의 페어팩스의 유전과 IVF연구소에서 개발된 "마이크로소트"(Microsort)라고 불리는 과정에 의해 제공된다. 더 자세한 내용은 다음을 참조하라. "The Politics of Genes: America's Next Ethical War," *The Economist* 14 (April 2001), 21-23, 특별히 22.
6. 이 표현은 Peter D. Kramer의 저서 *Listening to Prozac* (New York: Viking, 1993), 41에서 인용했다.
7. Lee Silver, *Remaking Eden: Cloning and Beyond in a Brave New World* (New York: Avon, 1997), 4-7.

미(美) 자신을 자기 밖으로 숭고하고 심오하게 이끌어주는 새로움과 질서 사이에 발생하는 진동 혹은 공명. 미의 존재 안에서 우리는 존재 안에 개입된 창조의 예술가로 변형된다. 만일 당신이 원한다면, 포스트모던 교회는 자신을 예술가촌, 즉 예술가들의 공동체로 재인식하게 될 것이다.

미의 신화 실재 자체보다 더욱 실재 같아서 가상실재(hyper-realities)라고 불리는 것들에 대한 동경은 테크놀로지에 의해 만들어지고, 우리의 눈 바로 앞에서 참된 실재가 사라지는 원인이 된다. 프랑스 사회이론가 장 보들리야르(Jean Baudrillard)는 이를 "실재의 절도"라고 불렀다. "이 순수하고, 완전한 실재, 이 세계의 무조건적 현실화를 나는 완전범죄라고 일컫는다."[1] 이 범죄는 증거를 전혀 남기지 않는다.

미의 진리 하나님의 계시의 또 다른 이름. 포스트모던인들에게 헨델의 오라토리오 메시아는 "변론의 새로운 방식"이다.

아마도 당신은 대학시절 낭만주의 시인들을 연구한 적이 있을 것이다. 모던시대의 합리주의에 불만족을 드러내는 반항운동이 낭만주의였기 때문에, 이들은 포스트모던시대의 목회자들에게 특별한 관심의 대상이다. 어떤 면에서 낭만주의는 포스트모더니즘을 기대해왔다. 19세 초 가장 위대한 낭만주의 시인 중 하나였던 키이츠(John Keats)는 "아름다움은 진리요, 진리는 아름다움이다. 그것은 당신이 지상에서 아는 모든 것이고, 알 필요가 있는 모든 것이다."라고 말했다.[2] 역사상 여러 신학자들, 예를 들면, 조나단 에드워드 같은 신학자들이 하나님을 묘사하기 위한 방법으로 이미 '미'의 범주를 사용해왔지만, 키이츠는 이 잊을 수 없는 구절을 통해 포스트모던인들의 심성을 울렸다.

아마도 오늘날 가장 효과적인 변증은 미(美)일 것이다.[3] 그리고 예술에서의 미뿐만 아니라 열려 있는 책의 관계 안에서의 미도 마찬가지이다. 신약성경 안의 마태복음, 마가복음, 누가복음, 그리고 요한복음과 함께 포스트모던 탐구자들은 당신의 성경(Your Testament - 보람 있게 살아 온 삶) 안에서 당신의 복음(당신 속에서 계속되는 복음의 이야기)과 당신의 복된 소식(Your Gospel), 곧 다섯 번째 복음서의 아름다움을 보길 원한다.

모던시대가 공식, 청사진, 측량으로 대변되는 공학자와 사건, 증거, 증명, 논박으로 대변되는 변호사의 시대였다면, 포스트모던 세계는 예술가의 시대가 될 것이다.[4] 그렇다고 해서 포스트모던인들이 반지성주의자들이라는 말은 아니다. 오히려 그들은 하나님이 창

> 미는 인식론적 필요조건이다. 미는 신들이 우리의 감각을 자극하고, 우리의 심장에 도달하며, 삶으로 우리를 유혹하는 길이다.
>
> – 심리분석가 제임스 힐만(James Hillman)

조하신 인간의 정신에 대한 존경심을 이성적 분석의 협소한 제한을 뛰어넘어 직관[5], 상상력, 심미에 이르도록 확장시켜 왔다. 그들이 선(善)과 함께 미(美)를 존중하는 것은 모던시대의 과학자들이 저울과 계산기를 진리를 추구하는 데 필수적으로 여기는 생각과 비슷하다.[6]

목회에 있어서 이와 같은 사실은 볼품없는 것들은 없어져야 한다는 뜻과 통한다. 볼품없는 건물, 볼품없는 주보, 볼품없는 설교대지, 볼품없는 찬송 등. 사람들은 볼품없는 곳에서 볼품없는 모습이 되어버린다.

여기서 혼동하지 말아야 할 것이 있다. 미에 대해 민감하다고 해서 포스트모던인들이 "정치적으로 공정한" 것과 가공의 달콤함을 추구한다고 생각하지 말라. 여기서 말하는 것은 "미"이지 "괜찮은 것"이나 "예쁜 것"이 아니다. 견실한 의미의 미는 불협화음, 충돌, 화상, 상처, 흉측함을 포함할 수 있다. 예를 들면, 예술작품인 스티븐 스필버그의 「칼라 퍼플」, 「아미스타드」, 그리고 「쉰들러 리스트」는 아름답다. 그러나 이들 안에는 끔찍한 흉측함이 있다. 「칼라 퍼플」 속에 나오는 흉측한 폭력과 케이블 TV에 나오는 종교방송 속의 여러 가지 볼품없는 것들(헤어스타일을 제외하고라도) 사이의 차이는 무엇인가?

> 미는 세상을 구원한다.
> – 도스토에프스키, 『백치』

그러므로 설교를 준비할 때 "어디에 미가 있는가?"라고 자신에게 물어라. 당신의 건물의 조경과 실내장식을 디자인할 때 "어디에 미가 있는가?"라고 물어라. 당신이 예배를 위해 찬양팀, 연주팀, 연극팀, 워십팀을 선별할 때, 미는 단순히 설교에 첨가되는 장식이나 유인요소가 아니라는 것을 그들에게 이해시켜야 한다. 미는 설교 메시지의 본질적인 것이다. 왜냐하면 신성(神聖)으로 이끄는 미가 있으며, '영광'의 개념 자체는 미와 분리시키기 어렵기 때문이다.

대체로 모던시대의 기반에서 미는 선택사항이었다. 그러나 이제는 더 이상 그렇지 않다. 청결함에 대한 이전의 경구들은 아마도 진실이 아니었을지 모른다. 어쩌면 미가 더 신성함과 가깝다고 말했어야 옳다.

그렇다. '비 리빙'(be-living)이 단어가 아니라는 사실을 우리는 알고 있다. 하지만 포스트모던 순례자들은 우리의 여정에서 우리를 도울 새로운 단어들을 만들 필요가 있다는 것을 의심하지 않을 것이다.

모던시대는 올바른 신앙과 믿음에 사로잡혀 있었다. 그러나 편협한 의미에서만 그렇다. 이성적, 개념적 정확성에 매료된 모던인들에게 있어서 "믿음"(believe)은 상태를 표현하는 전치사 "in"보다는 대부분 대상을 전제하는 접속사 "that"과 함께했다. 여러 가지 전제들과 규칙들과 연결되어 있는 단어들을 믿는 것이 무엇보다도 중요했다. 그러나 예수님은 존재의 여부를 믿는 것(believe in), 더 자세히 말하면 단순히 존재를 믿는 것(believe)에 더욱 관심을 기울이신 것으로 보인다. 예수님께서 사용하신 '믿음'(believe)이라는 단어는 "신임하다"(confide in) 또는 "확신을 가지다"(have confidence in) 혹은 "신뢰하다"(trust)와 같은 단어들과 근접한 의미를 가지고 있다. 미묘하다 할지라도 그 차이는 중요한 것이다.

> 어째서 하나님이 우리에게 이야기, 시, 편지들로 된 책 대신에 조직신학 교과서를 주시지 않았는가? 만일 하나님이 우리를 향한 변함없는 사랑을 우리가 일련의 명제로 단순화시키는 것을 원하신다면, 왜 하나님은 유대교와 기독교의 10,000년 역사를 우리에게 선물로 주셨는가? 수많은 위대한 사상가들이 그 역사를 연구하려고 노력해 왔다.
>
> – 토니 존스7)

당신은 믿는가? 당신은 하나님이 예수님을 죽음에서 일으키셨던 것도 믿는가?

이것은 별 문제될 것이 없다. 심지어 사탄도 이 사실을 믿는다. 당신은 무엇인가를 믿지만 그 믿음대로 행하지 않을 수 있다. 참된 믿음은 얄팍한 믿음이 아니라 완전한 신앙이다. 우리는 얄팍한 믿음이 아니라 완전한 신앙을 통해 은혜로 구원을 받는다. 당신이 진실로 무엇인가를 믿는다면, 이것은 당신이 사는 방식을 바꾸어 놓는다. 당신은 이 믿음에 따라 행동을 하지 않을 수 없다. 사탄도 하나님의 존재를 믿는다. 하지만 사탄은 하나님을 믿지 않는다. 하나님을 믿는다는 것은 살아있는 믿음을 가지는 것이다. 바로 이것이 '행함 있는 믿음'(be-living)이다. '행함 있는 믿음'의 사회적, 영적 의미는 단순한 믿음(believing)보다 상당히 더 큰 영향력을 미친다.

흥미롭게도 "믿다"(believe)라는 단어는 요한복음에서 가장 많이 쓰인 단어이다. 다시 말하면 이 말은 일반적으로 "대상"에 관한 것보다는 "상태"의 의미를 동반한다. 모던시대의 많은 기독교인들은 바로 이 복음서의 수많은 요절들을 암송해 왔기 때문에 "믿음"이라는 말을 강조한다(요 3:16;

5:24; 6:40; 6:47; 7:38 등). 그러나 공관복음서는 "내 존재를 믿어라"라는 말보다는 "나를 따르라"라는 말을 더욱 강조하고 있는 것으로 보인다.

이러한 사실은 흥미로운 과제를 던져준다. 요한이 믿음의 복음서(a gospel of believing)를 제시하는 반면, 공관복음서는 따름의 복음(a gospel of following)을 제시하고 있지 않은가?

"나를 신뢰하라"는 뜻을 지닌 "나를 믿으라"는 말은 "나를 따르라"는 말에 대한 요한의 표현 방식인가? 그리고 그 역(逆)도 가능한가? 다시 말해 두 표현의 의미를 구분하기보다는 이 표현들을 융합하거나 상호 보강하면 "나를 따를 만큼 나를 믿고 있는가?"라는 예수님의 말씀을 듣게 된다. 이렇게 하는 것이 현명한 것 같다. 왜냐하면 누구도 신뢰할 수 없는 사람을 지도사로 따르지 않으며, 예수님을 따르지 않으면서 예수님을 믿는다는 것은 예수님께서 우리에게 요청하시는 헌신, 충성과는 거리가 멀기 때문이다.

이러한 연유로 우리는 행함 있는 믿음(be-living)이라는 말을 선호한다. 만일 복음을 '믿는다면', '그 믿음대로 살도록' 최선을 다해야 하며, 만일 그리스도를 '믿는다면', '그의 충성된 제자로 살아가도록' 전력을 다해야 한다.

행함 있는 믿음은 우리로 하여금 복음의 사회적 함의를 추구하도록 하면서 사유화된 믿음을 뛰어넘게 하며, 또한 방어적인 믿음을 넘어서도록 이끌어 준다. 생각해보면 '복음을 사수한다는 것'은 어쨌든 이상한 생각이다. 우리가 복음을 가지고 하나님을 신뢰할 수 있는가? 또한 우리가 연약한 하나님, 성경, 신앙을 수호해야 한다고 생각하는가? 우리의 임무는 신앙을 방어하는 것이 아니라 신앙대로 사는 것이다. 이것이 바로 가장 궁극적인 '방어'요, 최선의 공격이 된다. 베드로는 이러한 사실을 이해하고 있었다(벧전

2:12). 최고의 변증은 바로 우리들, 행함 있는 믿음을 가진 사람들이다!

"나는 믿는 사람(be-liever)이다." 라고 모던시대는 노래했다.

"나는 믿음대로 사는 사람(be-liver)이다." 라고 새로운 노래를 쓸 사람은 없는가?

B is for Belonging 소속함

오늘날 영성을 추구하는 사람들에게 "소속함"(belonging)은 빈번히 "믿음"(believing)보다 먼저 등장하는 말이다.[8] 대조적으로 말하면 모던세계에서는 당신이 올바른 믿음을 가지면 소속을 할 수 있었다. 그런데 새롭게 출현하는 세상에서는 소속의 과정이 당신으로 하여금 믿음을 갖고 믿음대로 살도록 도와준다. 이제 자기정체성은 어떤 견해(views)를 가지고 있느냐가 아니라, 서약과 헌신(vows), 비전(visions), 그리고 자신만의 모험(ventures)을 통해 발견된다.

교회의 중심부는 "네이브"nave: 예배당 중앙의 회중석 부분-역자주라 불리며, 이 단어는 '배'를 뜻하는 라틴어에서 온 말이다. 제자들은 집을 향해 항해하는 여정에 있다. 그러나 우리는 홀로 항해하지 않는다. 신앙의 여정은 동반자를 필요로 한다. 믿음(believing), 형성(becoming), 실천(behaving)은 모두 소속함을 요구한다.

B

B is for Blur
모호함

'현상유지'(*status quo*)는 '현상이동'(*fluxus quo*)이라는 말로 대체되고 있다. 모든 것은 지속적인 이동 상태에 있다. 어떤 것도 그대로 남아있는 것은 없다. 운동은 안정보다 선행한다. 이러한 현상을 "모호함"(blur) 또는 "속도"(speed)라고 부른다.[9)]

모호함의 세상에서 생존하기 위해서는 가장 신속한 자가 되어야 한다. 이것이 바로 '살아있는 자'(the Quick)가 될 것인가, '죽은 자'(the Dead)가 될 것인가의 문제이다.[10)]

시스코 시스템(Cisco Systems)의 모호성 원칙은 다음과 같다. 만일 한 프로젝트를 3개월 안에 실행할 수 없다면, 시작하지 말라. 정해진 시간 안에 수행하기에 벅찬 과업은 작은 단위로 나누어 실행하라.

급속히 변하는 세상의 생존원리인 현상이동은 전통주의를 소중히 여기고 기존의 것을 중시하는 교회에게는 반가운 소식이 아니다. 그러나 삶과 사고의 습관은 바꿀 필요가 있으며, 이것은 모든 살아있는 조직들에게 본질적인 것이다. 운동성(motility)은 위치를 바꾸려는 신체의 경향성을 일컫는 말이다. 한 사람이 눕고, 앉으며, 쉬는 자세를 취할 때에도 몸은 움직이기 원한다. 운동성의 결여는 부적절한 순환, 비만, 욕창의 원인이 될 뿐이다.

모던시대의 교회는 심각한 알코올 중독자들이 변명하는 것처럼 다음과 같이 거친 태도로 부정한다. "우리는 변할 필요가 없다! 우리는 변해서는 안 된다! 우리는 변할 수 없다!"[11] 이러한 발언은 애처롭기 짝이 없는 자기 망상이다. 변화를 거부하는 행위는 우리를 변화시킬 수 없다. (가능하다면 이 문장에는 빨간색 펜으로 밑줄을 두 번 긋고 여백에 별표를 하고 페이지 위쪽을 접어 둘 만한 가치가 있다.) 사실상 습관적으로 변화를 거부하는 행위는 필연적으로 우리를 느리고, 진부하며, 발전이 없고, 동일성만을 유지하는, 즉 스스로 자살행위를 하고 있는 조직으로 만들어 버린다. 문제는 우리가 반드시 변화해야 하느냐가 아니라, 오히려 어떤 가능한 변화의 조건이 우리를 바람직한 미래로 인도할 것인가 하는 것이다.[12]

물론 위험하고 치명적이기까지 한 변화들이 있다. 따라서 0.000013%에 속하는, 습관적으로 매우 빠르게 변화하는 교회들은 이 부분을 무시하라. 그러나 그 이외의 교회들은 기억하라. 살아있는 자(quick)가 될 것인가, 죽은 자(dead)가 될 것인가?

B is for Body 신체

'신체'에 대한 개념은 종교를 연구하는 학문적 문서에서 대부분 '신비'로 대체되었다.

새롭게 출현하는 문화는 신체와 밀접히 연관되어 있다. 때문에 만년필과 같은 신체 중심적 물건과 도해법 iconography: 도상학. 시각예술에서 쓰인 상징 · 주제 · 소재를 식별 · 묘사 · 분류하고 해석하는 학문과 같은 비언어적, 신학적 활동의 미래는 밝다.

사람들은 신체와 영혼이 솔기가 없는 전체 속에 통합되기를 원한다.[13] "신령과 진정"으로 하나님을 예배하는 것은 몸의 언어를 요구한다. 포스트모던인들은 신체를 통한 "구현"(embodiment)이라는 단어에서 어떤 신호음을 들을 것이다.[14] 모던시대에 우리는 신체를 해부했다. 그런데 포스트모던시대에 우리는 신체를 치장하고 발달시킨다. 신체는 선택의 스토리보드이다.

그러나 신체와 '개인'의 개념을 발견한 것은 모던인들이었다. 중세의 남자와 여자들은 단지 자신의 신체와 존재에 대해 모호한 이미지만을 가지고 있었다. 갈색 유리 거울은 16세기 초 베니스에서 처음으로 판매되기 전까지 상품으로 제작되지 않았다. 판유리로 만든 거울은 18세기 초까지 대량소비를 위해 보편화되지 못했다. 자서전, 개인일기, 초상화가 증가하면서 자신에 대한 모던인들의 '발견'이 이루어지게 되었다.

그러나 모던인들이 마스카라, 립스틱, 루즈, 귀걸이 등으로 자신의 '얼굴'을 치장했던 것과 달리, 포스트모던인들은 문신, 피어싱, 과장된 근육, 손톱장식, 보석, 자질구레한 장신구, 부적, 십자가 목걸이, 크리스탈과 같은 장식을 통해 자신의 '몸'을 치장한다. 문화가 더욱 가상화되고 비현실적이 되면 될수록, 포스트모던인들은 자신들의 삶의 이야기와 삶의 가치들을 표현하기 위해 자신의 몸을 팔레트처럼 이용한다. 포스트모던 기독교 신자인 당신의 아들과 딸들이 자신들의 몸에 온갖 종교적 문신과 피어싱을 한다고 해도 놀라지 말라. 첫 번째 문신을 하는 평균 나이가 14세이다.[15] 미래의 교회는 얼굴과 몸을 모두 치장한 사람들로 가득 차게 될 것이다.

마음과 몸 대신 머리로만 살려고 하는 경향을 지닌 많은 모던 크리스천들이 그동안 잊어버리고 무시했던 원초적 영적 훈련과 신체 중심적 실천행위들이 철학자 윌라드(Dallas Willard)에 의해 다시 소개되고 있음은 흥미로운 사실이다.[16] 윌라드는 '훈련'을 가리켜 신체의 습관을 가르치는 것으로 묘사한다. 당신은 금식과 금욕을 행함으로써, 즉각적으로 모든 욕망을 채워야 할 필요가 없음을 당신의 몸에게 가르쳐줄 수 있다. 당신은 침묵함으로써, 반드시 이야기할 필요가 없음을 당신의 몸에게 가르쳐줄 수 있다. 당신은 고독을 통해, 다른 사람에게 드러나야 할 필요가 없다는 것을 당신의 몸에게 가르쳐줄 수 있다. 당신은 단순함을 통해, 언제나 치장되고 안락해야 할 필요가 없음을 당신의 몸에게 가르쳐줄 수 있다.

소위 영성훈련은 놀랍게도 신체적이라는 사실이 밝혀졌다. "긍정적, 영적 목적을 위해 몸을 사용하는 것은 구원의 과정에서 대부분 우리가 담당해야 할 몫이다."[17] 예수님에 대해 윌라드는 다음과 같이 묘사했다.

예수님이 우리와 같은 인간이셨다는 사실은 그가 우리처럼 죄가 있고 구원이 필요한 존재라는 것이 아니라, 우리와 마찬가지로 몸을 가지고 계셨기 때문에 영적 훈련을 해야 했다는 것을 뜻한다. 예수님은 "하나님이 제사와 예물을 원치 아니하시고 오직 나를 위하여 한 몸을 예비하셨도다"(히 10:5)라고 말씀하셨다. 다른 모든 사람과 마찬가지로 예수님의 몸은 그분의 생애의 가장 중요한 요체였다.[18)]

B

모던 기독교 사상에서 몸에 대해 무관심했던 점에 관해 윌라드는 다음과 같이 말했다. "기독교의 구원 또는 구속에 관한 지배적인 견해에 있어서 몸에 대한 적절한 인식, 그리고 그것이 신학에 던져주는 의미가 빠져 있다. 인간의 신체는 인간 존재의 중심적 요체이다. 예수님도 몸을 가지셨다. 그리고 우리도 몸을 가지고 있다. 이 신체에 대한 적절한 이해 없이는 그리스도 안에서 얻는 새 생명에 대한 퍼즐 조각들이 현실적으로 조합될 수 없으며, 그를 진정으로 따른다는 생각과 예수님과 같이 된다는 것은 실제로 불가능하다."[19)]

새롭게 출현하는 기독교 지도자들은 인간이 육체, 곧 성적 육체, 배고픈 육체, 피곤한 육체, 노쇠하는 육체, 전기화학적 · 유전적 · 환경적으로 민감한 육체를 가지고 있다는 사실을 다시 한번 파악해야 한다. 우리는 기독교인으로서, 단지 물질세계에 부끄럽게 붙어서 잠깐 쓰다 버리는 용기처럼, 잠시잠깐 몸을 필요로 하는 정신(또는 영) 그 이상이라는 사실을 인식하고 우리 자신을 돌아보아야 할 것이다. 하나님이 우리를 만드셨을 때 하나님은 우리를 몸으로 만드셨고, 이 몸이 아주 좋았다고 선언하셨던 고대 유대의 통찰을 다시 한번 파악해야 한다.

그리고 고대 기독교의 통찰을 보면 하나님이 땅에서의 생을 마친 우리를 인도하시는 것은 육체가 없는 순수한 영혼이 아니라, 현재 우리의 생명이

박동하고, 호흡하며, 배고파하고, 피곤해하는 것보다 더욱 영광스러운 몸을 가진 인간임을 말해주고 있다.

B is for Branding 브랜드화

대부분의 모던인들에게 종교가 있었던 것처럼, 포스트모던인들에게는 브랜드가 있다. 사실상 브랜드는 새로운 종교가 되어가고 있다. 브랜드는 상품 자체에 관한 것이라기보다는 삶의 양식에 관한 것이다. 많은 포스트모던인들의 정체성을 형성하는 두 가지 주된 방식은 브랜드와 음악이 되었다. 이제 의상과 음악은 정체성을 전달하는 그 무엇이라기보다는 정체성을 만들어주는 그 무엇이다.

세계에서 가장 큰 광고회사 중 하나는 "브랜드에 대한 소비자의 믿음은 삶의 목표를 주었던 종교적 신앙을 대체했다. … 성공하는 브랜드는 강한 믿음과 목적의식을 주는 것들이다. 또한 이들은 세상을 변화시키려는 열정과 힘을 가지고 있는 것들이다."[20]라고 말했다. 브랜드는 '나의 표현'으로서 다른 사람들에게 자신의 지위, 가치, 신앙을 알려주는 신호가 되고 있다. 새롭게 출현하는 문화에서 독보적인 브랜드 중 가장 유명한 것들은 캘빈

클라인(Calvin Klein), 엠티브이(MTV), 나이키(Nike), 게토레이(Gatorade), 야후(Yahoo), 버진(Virgin), 디즈니(Disney)와 같은 것들이다.

브랜드화를 통해 상품은 기호가 된다. 그래서 한 벌의 청바지는 젊은이의 성적 호소를 나타내거나, 냉장고는 행복과 동일시된다. 당신이 구입하는 것은 다른 이들에게 당신이 누구인가를 알려준다. 다시 말해 "나는 쇼핑한다. 고로 나는 존재한다."라는 말이 성립된다. 이 말을 기독교적으로 해체해 본다면 "당신이 버리는 것이 바로 당신이다."가 될 것이다.

상품은 모더니티의 신화 중 일부가 되었다.[21] 구매의 권리는 선거권만큼 중요한 권리가 되었다. 이 권리를 박탈하는 것은 이제 경제적인 문제뿐만 아니라 정치적인 문제가 되었다. 그러나 모던세계가 '상품'을 로고와 상징을 통해 표시했다면, 포스트모던인들은 경험과 환경을 가지고 브랜드화한다. 디즈니월드, 나이키타운, 레고랜드가 그 예들이다. 브랜드화는 더 이상 단순히 상품에 관한 것이 아니라, 삶의 방식이며 정체성 형성에 관여한다.

가장 최근의 포스트모던 '브랜드'는 당신 자신의 상품을 창조하는 것이다. 포스트모던인들에게 제일의 상품은 단 하나밖에 존재하지 않는 상품이다. 모던시대에 유행을 따라가는 것은 다른 사람들과 비슷해지는 것이었다. 하지만 포스트모던인들은 유행을 따라가기를 원하지 않는다. 그들은 자신들 스스로의 독특한 모습을 갖길 원한다. 가장 최근의 포스트모던 그룹들은 유명한 상품을 찾거나 로고가 없는 것을 찾기보다는, 자신만의 로고와 상품, 그리고 하나밖에 없는 스타일을 만들어내고 있다. 그들은 자신들이 입고 있는 옷의 브랜드가 얼마나 유명한 것인지에 관심이 없다. 오히려 당신이 단 1분 동안만이라도 그들과 마음을 통할 수 있다면 그들의 신뢰를 얻어낼 수 있다. 어떤 이들은 미래에는 '신뢰라는 상표'(trustmarks)가 브랜드

를 대체할 것이라고 예견하기까지 한다.[22]

만일 기독교인들이 이름 있는 제품을 입을 때엔, "당신이 구입한 것과 당신 사이에는 커다란 차이가 있다."라고 이야기해주는 것이 필요하다. 사실 브랜드의 개념은 소나 양의 가죽에 뜨거운 인두로 문신을 새긴 것에서부터 온 것이다. 역사를 통해서 보면 범죄자들에게 "불명예의 표를 달고 다니게 하는" 표식을 한 적이 있다. 표식은 가인에게는 저주였다(창 4:15). 브랜드로 규정되고 있는 문화의 소비자로서 포스트모던의 정체성을 가진 우리들은 하나님의 나라라는 더 큰 의미와 개념 안에서 우리 자신이 누구인가에 관한 심도 있는 질문을 우리 자신에게 던져야 한다.

이토록 중대하고 영향력 있는 위험을 인지한 이상, 우리는 브랜드화가 새롭게 출현하는 문화에서는 삶의 일부라는 사실을 인지해야 한다. 이는 고대세계에서 제국이나 대경기장이 존재했고, 혹은 중세시대에 마상 창시합 대회나 봉건제도가 있었던 것처럼 엄연한 현실이 되어 있다. 그러므로 포스트모던 목회에 관련되어 있는 이들에게 다음의 질문이 제기되어야 한다. 우리의 브랜드는 무엇인가? 모던시대에 살던 우리들은 아주 종종 싫든 좋든, 교리, 교회생활, 성격, 지성에 있어서 순전하고, 올바르며, 우위에 있다고 스스로 자랑스럽게 생각해 온 엘리트 그룹으로 자신을 브랜드화 해왔다. 각 교파들은 자신들의 장점과 자신들의 자랑거리, 자신들의 브랜드화 된 정체성을 가지고 있었다.

이제 새로운 문화로 옮겨가면서 우리의 엘리트 브랜드는 신용을 잃어가고 있다. 우리는 많은 사람들에게 '기독교인'은 종교방송에서 보여준 비정상적 모습으로 각인되어 있음을 깨달아야 한다. 예를 들어, 이상한 괴성, 괴상한 것을 믿는 것, 부풀려 크게 만든 머리 스타일, 악어의 눈물처럼 과장된 채 마스카라와 함께 흘러내리는 눈물 등. 또 다른 이들에게 기독교인은 차별주의자, 부르주아적 떠버리, 인종차별주의자, 반유대주의자 또는 반지성주의자를 의미한다는 사실을 기억해야 한다.

우리들에 대한 시각을 바꾸고 싶은 마음이 굴뚝같을 것이다. 그러나 그것은 전혀 도움이 되지 않을 것이다. 우리는 우리 자신을 변화시켜야 하고, 신성 좋은 기독교인이 무엇인지를 결정할 필요가 있다. 그리고 하나님의 은혜 안에서 실제로 그러한 사람들이 되도록 노력해야 하며, 그렇게 함으로써 우리들의 브랜드에 대한 믿음을 세워나가야 한다. 우리는 새로운 기독교인이 되어야 하고, 새로운 교회가 되어야 한다. 이러한 도전에 직면했을 때 주저하거나 사소한 문제에 집착해서는 안 된다. 사도 바울은 박해로 인해 상처 받은 그의 몸을, 그리스도에게 사로잡힌바 된 것을 나타내주는 브랜드로 보았다(갈 6:17). ['신체' (Body) 참조]

Branding
브랜드화

스트레스 완화, 기억증진, 건물을 뛰어넘을 정도의 에너지…. 건강음료에 관한 이야기를 들을 때 듣는 여러 가지 약속들이다. 이 약속들은 판매하는 음료의 맛이 아니라 이 음료가 제공하기로 약속한 경험에 관한 것들이다.

다음 번 그룹모임을 위해 여러 종류의 건강음료를 구입하라. 이때 콜라와 같은 일반적인 음료를 포함시킨다. 참가자들이 선택해야 할 음료를 보고, 선택을 하고, 맛을 볼 때까지 일종의 실험을 하고 있다는 사실을 알리지 말라. 그리고 각 사람들에게 다음의 질문을 해보라.

- 왜 그 음료를 선택했는가?

- 광고와 겉표지에서 이 음료가 약속하고 있는 것은 무엇인가?

- 그 약속을 믿는가? 왜 그렇다고 생각하는가? 또는 왜 그렇지 않다고 생각하는가?

- 그 상품은 어떻게 사람들이 자신을 경험하도록 설득하고 있는가?

B

- 그 음료는 어떻게 하나의 '브랜드'로서 정체성을 만들어내는가? 그 이미지가 당신과 어울리는가?

- 당신의 목회 브랜드는 어떠한 가치를 제공하는가? 당신의 특별한 상표에 대해 외부인들은 무엇이라고 말하는가?

- 당신의 상표는 무엇을 약속하고 있는가? 당신의 약속은 지금 당신이 전달하고 있는 것과 상응하는가? 이 둘 사이에 어떠한 차이가 존재하는가?

- 당신의 목회의 상표에는 어떠한 경험들이 결합되어 있는가?

- 어떠한 경험들이 반드시 있어야 한다고 생각하는가?

- 이 토론이 당신으로 하여금 무엇을 바꾸고, 실행하며, 중지하고, 또는 시작하도록 했는가?

B is for Buts
하지만

＊ 교회지도자들이 벗어나야 할 것들.

"하지만 그렇게 해본 적이 없는데…."
"하지만 쫓겨날지도 모르는데…."
"하지만 모던인들이 뭐라고 생각할까?"
"하지만, 하지만, 하지만, 하지만…."

"하지만"은 어떤 문제라기보다는 곤경에 빠진 상황에서 나오는 전형적 표현이다.[23] "어떻게 교회에 갈까?"라는 문제가 있다면, 이 문제에는 해답이 있다. 그러나 곤경에 빠진 상태는 한 개인이나 교회(또는 그 무엇)가 서로 경쟁하는 가치, 서로 경쟁하는 방향으로 갈라져서 마비상태가 되거나 패배한 것을 말한다. 문제는 정보를 통해 해결될 수 있다. 그러나 곤경에 빠진 상태는 오직 선택을 통해서만 해결될 수 있다. 이 책은 문제를 다루려고 하지 않는다. 대신에 곤경에 빠진 상황을 이야기하려고 한다. 우리를 곤경에 빠뜨리는 상황은 "하지만"이라는 말로 해결되지는 않을 것이다.

> 모든 사람들의 삶 속에 하나의 커다란 "하지만"이 있다.
>
> – 영화 「피 위의 대모험」중에서, 피 위 헐만(Pee-Wee Herman)

B

1. Jean Baudrillard, *The Vital Illusion*, ed. Julia Witwer (New York: Columbia University Press, 2000), 67.
2. "Ode on a Grecian Urn"의 종결구.
3. Patrick Sherry, *Spirit and Beauty: An Introduction to Theological Aesthetics* (Oxford: Clarendon Press, 1992); Frank Burch Brown, *Religious Aesthetics: A Theological Study of Making and Meaning* (Princeton, NJ: Princeton University Press, 1989).
4. Steve Turner, *Imagine: A Vision for Christian in the Arts* (Downers Grove, IL: InterVarsity Press, 2001).
5. 어떤 이들은 직관을 "전인식" 또는 "아는 방법을 알지 못하면서 아는 것" 또는 "무언가를 알지만 그것을 잊어버리는 것"과 동일한 것으로 정의한다. 우리는 지금 "정보변환"(information transfers)이라고 부르는 과학적 연구를 하고 있는 Boundary Institute(www.boundaryinstitute.org)의 Dean Radin과 같은 '직관 과학자'들을 가지고 있다. 그는 속도를 멈추어야 할 이유가 없음에도 불구하고 교차로에서 속도를 멈추는 것을 예로 들고 있다. 당신이 그렇게 할 때 트럭이 적색 신호를 통과하면서 충돌하게 된다.
6. John W. de Gruchy, *Christianity, Art and Transformation: Theological Aesthetics in the Struggle for Justice* (New York: Cambridge University Press, 2001) 중 특별히 "미의 구속적 능력"이라는 장에 있는 "신학적 심미학"에 대한 훌륭한 요약을 살펴보라.
7. Tony Jones, *Postmodern Youth Ministry: Exploring Culture Shift, Creating Holistic Connections, Cultivating Authentic Community* (Grand Rapids: Youth Specialties/Zondervan, 2001), 127.
8. 이러한 측면에 대해 다음을 참고하라. George Hunter, *The Celtic Way of*

Evangelism: How Christianity Can Reach the West-Again (Nashville: Abingdon, 2000); Brian McLaren, *More Ready Than You Realize* (Grand Rapids: Zondervan, 2002).

9. James Gleick, *Faster: The Acceleration of Just About Everything* (New York: Pantheon, 1999); Stanley M. Davis and Christopher Meyer, *BLUR: The Speed of Change in the Connected Economy* (Reading, MA: Perseus Books, 1998).
10. 참고. Bob Davis, *Speed Is Life: The CEO of Lycos Reveals His Secrets to Surviving and Thriving on Internet Time* (New York: Currency, 2001).
11. 변화에 대하여 더 알기 원하면 다음을 보라. Doug Murren, *Leadershift* (Ventura, CA: Regal Books, 1994). 이 책은 다음의 이름으로 다시 출판되었다. *Leader Shift: How to Avoid Paradigm Shock* (Mansfield, PA: Kingdom Publishing, 1999).
12. 교회가 변화에 대응하는 것에 대한 훌륭한 자료는 다음과 같다. Tom Bandy, *Coaching Change: Breaking Down Resistance and Building Up Hope* (Nashville: Abingdon, 2000)과 Mary Jo Leddy, *At the Border Called Hope: Where Refugees Are Neighbors* (Toronto: HarperCollins, 1997).
13. 신체를 하나님이 임재하는 곳으로 표현한 작은 책이 있는데 그것은 J. Philip Newell, *Echo of the Soul: The Sacredness of the Human Body* (Harrisburg, PA: Morehouse Publishing, 2001)이다.
14. Robert Webber는 포스트모던인들의 민감성을 다음과 같이 요약했다. "새로운 기독교인 세대들의 주목을 끌고 포스트모던 세계에 효과적으로 말씀을 전하는 기독교는 원초적 진리와 진정한 구현을 강조하는 것이다. 새로운 세대는 상세함보다 광범위한 것에 더욱 관심을 가지며, 배타적인 견해보다는 포용적 견해를 선호하고, 다양성보다는 연합에 관심을 가지며, 변하지 않는 고정된 제도보다 역동적이고 성장하는 신앙에 더욱 마음을 열고, 높은 차원의 관용과 모호성을 가지고 말하기보다는 이미지에 더욱 적극적으로 반응한다." (*Ancient-Future Faith: Rethinking Evangelicalism for a Postmodern World* [Grand Rapids: Baker Books, 1999], 27).
15. Robert P. Libbon, "Dear Data Dog: Why Do So Many Kids Sport Tattoos?"

American Demographics (September 2000), 26. 문신은 1997년에 여섯 번째로 빠르게 성장하는 소매업이었다. 1994년 텍사스 청소년들 중 16.4%는 이미 문신을 하고 있었다.

16. "무엇을 믿는가"보다 "어떻게 믿는가"에 관한 책들은 다음과 같다. Dorothy C. Bass, ed., *Practicing Our Faith: A Way of Life for a Searching People* (San Francisco: Jossey-Bass, 1977). Brian D. McLaren, *Finding Faith: A Self Discovery Guide for Your Spiritual Quest* (Grand Rapids: Zondervan, 1999).
17. Dallas Willard, *The Spirit of the Disciplines: Understanding How God Changes Lives* (San Francisco: HarperCollins, 1988), 30.
18. Ibid., 29.
19. Ibid., 29-30.
20. 광고회사의 이름은 Young and Rubicam으로 Richard Tomkins, "Brands Are the New Religion, Says Ad Agency," *Financial Times* (1 March 2001), 4에 내용이 실려 있다.
21. Bill Bryson은 다음과 같이 지적했다. "1925년 미국에서 판매된 22가지 상품 분류에서 19가지 안에 드는 주요 상품을 소유했던 회사가 여전히 오늘날도 영업을 하고 있다. 그 예로는 과자를 파는 나비스코, 아침식사용 시리얼을 파는 켈로그, 필름을 파는 코닥, 페인트를 파는 셜윈 윌리암스, 통조림 식품을 파는 델몬트, 껌을 파는 위글리, 재봉틀을 파는 싱거, 비누를 파는 아이보리, 수프를 파는 캠벨, 면도기를 파는 질레트 등이 있다." 참고. Bill Bryson, *Made in America: An Informal History of the English Language in the United States* (New York: Bard, 1994), 242-43.
22. Saatchi & Saatchi의 CEO인 Kevin Roberts가 Alan M. Webber, "Trust in the Future," *Fast Company*(September 2000), 212에서 인용.
23. 다음 부분은 Paul Welter의 *How to Help a Friend* (Wheaton, IL: Tyndale House, 1978)에서 대부분 아이디어를 얻은 것이다. 친구가 필요로 하는 상태에 있는 것을 알아내는 것에 관한 부분인 "필요의 정도" (51-54)를 참조하라. 이 자료를 알려 준 Rhonda Cushman에게 감사한다.

C is for Capital
자본

다음 네 가지 형태의 사회적 권력의 상호작용은 포스트모던 사회에서 당신의 '위치'를 정의해준다.[1)]

금융자본(경제적 부)
문화자본(심미적 선호)
상징적 자본(명예, 수상, 출세)
사회적 자본(관계)

모던시대의 교회는 위의 네 가지 형태의 사회적 권력 안에서 우두머리가 되는 '명예로운 자리'를 추구해 왔다. 모던시대의 교회는 빈자와 미천한 자보다는 부와 명예를 가진 이들을 오히려 환영했다. 스콧 핏제럴드(F. Scott

Fitzgerald)는 「부자 아이」(*The Rich Boy*)[2]라는 소설에서 "그들은 당신과 나와는 다르다."라고 말했다. 가능하다면 이자에 의존하여 생활하고 지내기보다는 오히려 자본의 창고를 거머쥐려는 것, 이것이 바로 모던교회가 추구해온 주요한 "다름"이었다.

새롭게 출현하는 교회들도 그와 같을까?

사회적 자본이 높은 지역은 사회적 자본이 낮은 지역보다 더 좋은 건강상태, 더 많은 풍요, 더 적은 범죄와 폭력의 경향을 띤다.[3] 그러나 미래에는 부(富)의 진정한 자원이 될 새로운 형태의 사회적 자본이 요구된다. 어떤 이들은 이것을 사회적 자본의 "네 가지 통화"라고 부르는데, '평등, 상호존중, 존엄, 자존감'이 그것이다. 새로운 형태의 자본 축척은 신뢰, 지혜, 깊은 관계와 관련된 것들이다.

현재는 금융자본, 문화자본, 상징적 자본, 사회적 자본이 존재한다. 그러나 이것들보다 하나님의 나라를 위해 다른 모든 것들을 투자하여 얻는 영적 자본이 가장 위대한 것이다.

고대인들에게 '그때'였던 것이 모던인들에게는 '이제'였고, 포스트모던

인들에게는 '거기'가 되었다.

고대인들은 과거의 나라에서 살았다.[4] 모던인들은 현재라는 나라에서 살았다.[5] 포스트모던인들은 먼저 미래의 나라에서 살며, 또한 과거, 현재, 미래의 나라에서 동시에 살고 있다.[6]

> 대부분의 사람들은 퍽(puck)이 있는 곳을 향해 스케이트를 타고 달려간다.
> 나는 퍽이 있을 곳을 향해 달려간다.
> – 아이스하키 영웅 웨인 크레츠키 (Wayne Gretzky)

무엇인가를 파는 사람들은 우리에게 미래, 즉 미래에 대한 그들의 이해와 비전을 팔고 있다. 돼지내장이든, 짐승의 가죽이든 또는 세탁비누이든 우리는 항상 미래를 구매한다.

새롭게 출현하는 문화 속에서 멈추어 있는 것은 아무것도 없다. 모든 것은 움직인다. 움직이는 목표물을 맞히는 유일한 방법은 그것이 가 있을 곳을 향해 미리 던지는 것이다. '오늘을 잡는 것'(*Carpe Diem*)은 잡았다가 놓는 것을 의미한다. 오직 '내일을 잡는 것'(*Carpe Mañana*)이 그리스도를 향해 전진할 수 있는 방법이다.[7] 새롭게 출현하는 문화 속에서 지도자가 되고 싶다면, 방어보다는 공격이 유리하다는 점을 깨닫는 것이 중요하다.

그러나 '내일'(*mañana*)은 지연과 연기뿐만 아니라 "오늘이 아님"을 의미할 수도 있다. 그러므로 '만나를 취하는 것'(*Carpe Manna*)은 '내일을 잡는 것'(*Carpe Mañana*)의 중심에 있는 것이다. 신선한 음식의 비유를 통해서 알 수 있듯이 내일을 잡는 것은 하나님께서 매일 우리에게 주시는 자원과 음식물을 공급받는 것이다.

버펄로와 소떼들이 폭풍우에 대처하는 방법은 뚜렷이 다르다. 소떼들은 폭풍우에 등을 돌리고 반대방향으로 도망친다. 그러나 버펄로는 머리를 폭풍우가 몰아쳐오는 방향으로 향하고 폭풍우를 뚫고 나간다. 소떼들이 두려움 때문에 도망치고 숨을 때, 버펄로는 맞서서 헤쳐 나가는 것이다.

래프팅을 할 때 당신은 급류를 치고 나가야 한다. 속도를 멈추거나, 후진을 하거나, 머뭇거리는 것은 절대로 하지 말아야 할 행동이다. 앞을 향해 노를 저어라! 맹렬히! 계속 움직여라!

마찬가지로 내일을 잡고서 "내일 일을 위하여 염려하지 말라." 왜냐하면 한 날 괴로움은 그날에 족하(마 6:34)기 때문이다. 지도자들에게는 커다란 임무가 주어져 있다. 그들은 얼굴을 들고, 등을 돌리지 않으며, 미래를 향해 앞으로 나아가야 한다. 성경의 예언자들은 다른 사람들보다 한 걸음 더 앞서 나가고 먼저 그곳에 다다른 사람들이었다. 예언자적 목회는 인도하고, 앞서가고, 발생할 일을 다양하게 예측하고 대안을 모색해 놓고, 성령이 인도하시는 바람직한 미래를 선택하는 것이다. 미래를 잡는다는 것은 당신의 앞길을 예견하여 당신의 미래를 선택하고 만드는 것을 의미한다.

미래를 잡는 리더십의 방향은 "자연적" 혹은 "초자연적"이라는 말보다는 "미래자연적"(futurenatural)[8]이라는 말로 가장 잘 설명될 수 있다. "미래자연적" 사고는 확실성을 예언으로 대체한다. 즉, 불예견성 혹은 불확실성이 아니라 예언과 예측가능성으로 대체한다. 예측가능성은 단지 앞으로 발생할 일을 추측하는 것이 아니라, 앞으로 생길 일을 인식하고 방향을 정하는 것에 기초한다. 예언을 함으로써, 당신은 미래를 창조하는 것이다. 어떤 일이 실현될 수 있게 하는 가장 빠른 방법은 그것이 사실인 것처럼 행동하는 것이다. 자신을 충족시키는 예언이 아니라, 하나님을 충족시키는 예언을 하라. 앞길을 예언하고 그러한 미래를 조성함으로써 바람직한 미래를 가져오도록 하라. ['시나리오 사고'(Scenario Thinking) 참조]

> 아직 다가오지 않은 내일로 인해 병들지 말라.
>
> – 니나 매슨(Nina Masson)

불행히도 많은 교회들이 미래에 대한 감각을 가지고 있지 못하다. 미래에 대한 희망찬 비전 없이 묵시적 마비상태에 있으면서 변화에 무감각한 상태로 나가 떨어져 있는 것이다. 왜곡되게 미래를 잡으려 한다면 미래로부터의 묵시적 탈출을 꿈꾼다 할지라도, 재림과 휴거에 올바로 직면할 수 없게 된다. 반대로, 예수님이 다시 오심을 진실로 믿는 태도로 미래를 잡으면 복음을 위해 미래를 잡고 있는 것이다.

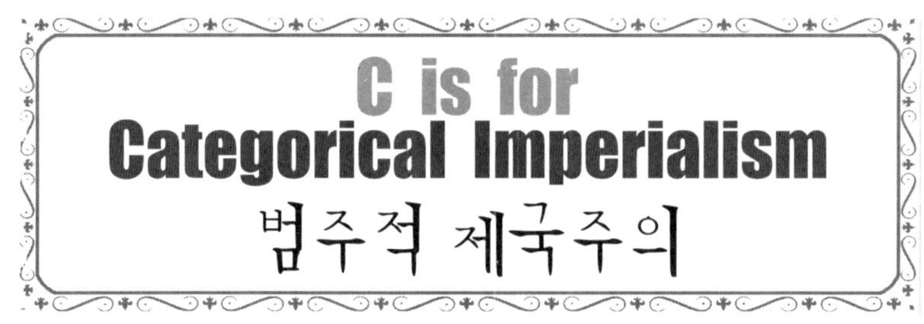

C is for Categorical Imperialism 범주적 제국주의

아마도 당신은 '지상 명령'(the categorical imperative)이라는 말을 들어본 적이 있을 것이다. 이제 '범주적 제국주의'(categorical imperialism)라는 말을 인식하고 유의할 필요가 있다. 범주적 제국주의자는 모던시대의 범주와 규범을 희생시킬 뿐만 아니라 포스트모던시대의 문화를 포함한 다른 문화들 위에 그들 자신을 올려놓는 사람이다.[9]

범주적 제국주의의 위험성은 노스캐롤라이나의 개스톤(Gaston)에 사는 한 농부의 실제 이야기에서 그 예를 찾아볼 수 있다. 이 농부는 부동산 개발업자에게 자기 농장의 상당부분을 자신이 원하는 가격에 팔았다. 이 농부는 자신이 그 개발업자에게 어떻게 했는지를 같은 마을에 사는 친구에게 자랑하며, 자신이 받은 땅값을 이야기했다. 그 이야기를 들은 그의 친구는 놀라서 물었다.

"왜 자네는 그 개발업자가 자네를 등쳐먹게 내버려 두었나?"

"나를 등쳐먹다니? 농담하는 거야? 나는 오히려 내가 그 가격을 요구한 것에 대해 죄책감을 느끼고 있어. 그 땅은 쓸모없는 땅이야. 길가에 바짝 붙어 있는 땅이 무슨 가치가 있단 말인가?"

물론 당신이 가축을 기르고 있다면 고속도로변에 붙어 있는 땅은 쓸모가 없을 것이다. 당신의 가축이 달아나거나 길에서 죽을 수도 있을 것이다. 그러나 만일 당신이 가축을 기르지 않고, 집을 짓는다면 – 만일 범주가 바뀐다면 – 길가에 있는 땅은 당신이 소유할 수 있는 땅 중에서 가장 가치 있는 땅이 될 것이다.

만일 당신이 새롭게 출현하는 문화에 의해 전통적 범주들이 바뀌어버린 포스트모던인들 사이에서 사역을 하기 원한다면, 당신은 당신의 낡은 범주들을 버려야 한다. 예수님께서도 바리새인들에게 그리하도록 반복해서 도전을 주셨다. 예를 들면, 바리새인 시몬의 집에서 예수님의 발을 씻은 여인은 시몬에게는 '죄인'의 범주에 있는 사람이었다. 하지만 예수님에게 이 여인은 '용서받고 사랑받은 자'라는 범주에 속해 있었다. 마찬가지로 모던시대의 익숙한 범주들, 곧 자유주의/보수주의, 절대주의/상대주의, 자연적/초자연적, 혹은 구원/멸망을 다시 한번 고려해볼 수 있겠는가?[10]

교회는 포스트모던인들에게 "우리는 당신들의 제자가 되길 원합니다."

라고 말해야만 한다. 다시 말해, 먼저 당신의 본래 문화를 포기해야 한다. 포스트모던화된다는 것은 당신의 사고, 계획, 조직, 그리고 자신을 표현하는 방식의 포기를 의미한다. 예를 들면, '탁월성'에 대한 포스트모던의 기준은 그에 대한 모던의 기준과 매우 다르다. 모던인들이 포스트모던 예배를 판단할 때 빈번히 하는 공격은 복음의 수준을 낮췄다는 것이다. 그러나 사실상 '탁월성'에 대한 새로운 기준이 생긴 것이다. '수준 낮은 것'으로 보이는 것이 실제로 '사람들을 끌어들이는 요인'이 된다. 성육신이 '수준 낮음'의 아주 극명한 실례라고 할 수 있듯이 말이다.

여기서 물어야 할 질문은 '탁월성에 대한 모던시대의 범주가 반드시 우월한 것인가' 하는 것이다. 예를 들면, 반복적으로 "우월성을 추구하는 것"은 단지 "좋은 이미지를 주기 위한 것"이라는 의미로 쉽게 퇴색될 수 있다. 포스트모던인들은 모던인들이 생각하는 우월성의 범주를 거부한다. '보기 흉한 모습을 보이는 것'은 첫 인상을 망가뜨린다. 하지만 위선을 방지하는 역할을 한다. 약간 깔끔하지 못하고, 불경하고, 준비되지 않았다는 것은 '우리 자신이 완전할 수 없다'는 메시지의 한 단면이 된다. 다시 말해, 이것이 어떤 일을 하는 유일하고도 합법적인 방법은 아니다. 그러나 이는 팡파르도 없이 마구간의 볏짚 안에서, 임시방편으로 만든 구유에서 태어나신 구세주의 모습과 일면 상응하는 것이다.

C is for Celebrity 유명인

* 최상의 상품. 신문이나 잡지, 심지어 기독교에 관련된 것들이 팔리게 하는 것.

영웅이 없는 세상에서 살기 원하는 사람이 있을까? 그러나 유명인이 영웅은 아니다. 그들은 단지 "아무것도 바꾸지 않고 모든 것을 바꾼다."[11]라는 의미의 "유명"(famous)이라는 것을 얻어서 유명한 것이다. 대중예술의 거장인 앤디 워홀(Andy Warhol)은 모든 사람들에게 15분간의 유명을 약속했다. 그의 예언은 우리 주변에서 현실화되고 있다.

찰스 디킨스(Charles Dickens)는 모던시대의 첫 번째 '유명' 작가였을 것이다. 1841년 디킨스가 미국에 왔을 때, 그의 책을 단 한 번도 읽지 않았으나, 매체의 열광에 사로잡힌 사람들은 그를 맹렬히 쫓아다녔다. 어떤 팬들은 창문을 통해 그의 호텔방을 훔쳐보려고 사다리를 올려놓기까지 했다.

이러한 사실을 또 다른 저자, 예를 들어 동시대 작가였던 윌리엄 워즈워드(William Wordsworth)의 책을 직접 읽고, 그를 높게 평가한 사람들에 의해 부여받을 수 있는 '스타'의 자리와 비교해보라. '스타'는 사실상 어떤 일을 잘 수행하는 능력이 있으며 주어진 사명을 완수한 사람을 말한다. 9.11테러사건은 스타를 만들어냈지만 유명인을 만든 것은 아니다.

무엇이 유명인을 만드는가? 열심히 작업하는 카피라이터나 연예잡지 칼

럼리스트, 혹은 삼류 기자들에게 물어보라. 유명인 문화는 가십과 스캔들을 공급한다. 공정하게 말하면, 쓰레기 같은 이야기들이 미디어를 통해 매일 우리의 정신 속에 쏟아 부어지고 있다. 조지 워싱턴과 같은 진짜 '스타'는 도박, 술잔치, 경마 같은 일로 비난을 받았다. 토머스 제퍼슨은 나약한 자, 간통자, 무신론자, 창녀에게서 난 서자로 불렸다. 아브라함 링컨은 만화가들에 의해 추하고 야비한 사람으로 묘사되었고, 그의 아내는 반역자로 비난을 받았다. 말콤 X는 그의 자서전에서 미디어의 왜곡에 대해 다음과 같은 불평을 털어놓았다. "내가 '매리가 작은 양을 가지고 있다'고 말한다면 아마도 이 말은 '말콤 X가 매리를 비방했다'라고 기사화될 것이다."[12)]

> 공식 대변인을 신뢰할 사람은 아무도 없다. 그러나 모든 사람들은 익명의 자료를 신뢰한다.
>
> – 포드 대통령의 전 대변인 론 네슨 (Ron Nessen)

크리스천 '유명인'들이 많이 있다. 그런데 '스타들'은 어디에 있는가?

포스트모던인들은 '크리스천 유명인'이라는 생각을 중요치 않게 여길 것이며, 대신 '성도들'이 있을 하늘나라에 가기 합당한 진정한 '스타'를 찾을 것이다. 예를 들면, 로마의 백부장, 마지막 동전 한 닢을 연보궤에 넣은 과부, 예수님의 말씀에 대답을 할 만큼 용기가 많았던 수로보니게 여인, 에이즈로 죽어가는 사람들을 마치 예수님인양 가슴에 끌어안았던 캘커타의 한 수녀, 그리고 아름다운 빛으로 수세기 동안 우리를 감싸주었던 별들의 주인을 들 수 있다.

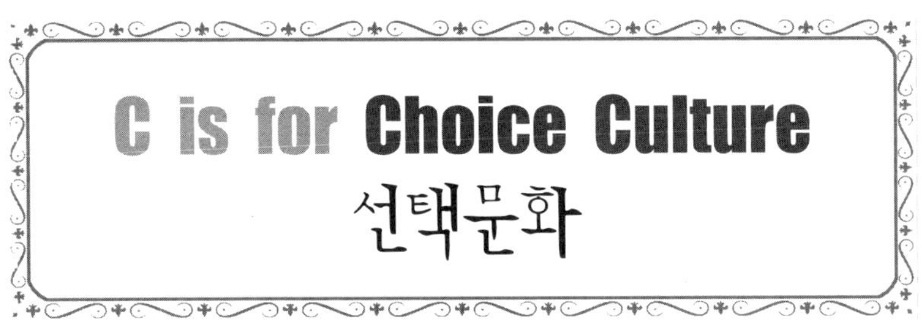

C is for Choice Culture 선택문화

모던인 나는 생각한다. 그러므로 나는 존재한다(데카르트).
포스트모던인 나는 선택한다. 그러므로 나는 내가 된다.

포스트모던 문화는 선택의 문화이다. 당신과 나는 우리들의 선택의 총체이다. 포스트모던 문예부흥의 본질은 우리가 취하는 선택들에 의해 우리 자신을 정의하는 권리가 있다는 데 있다. 우리는 우리의 CD에 무엇을 넣을지 선택할 수 있다. 우리는 살면서 무엇을 경험할 것인가를 선택할 수 있다. 우리는 어떤 연령의 모습을 취할 것인지를 선택할 수 있다. 우리는 또한 장소를 선택할 수 있다. 우리는 심미적으로 열악한 도시를 벗어나 경치와 환경이 좋은 지방(rural Valhallas)[13]으로 달려가고 있다. 우리는 심지어 우리의 미래도 선택할 수 있다. ['내일을 잡아라' (Carpe Mañana) 참조]

아직도 하이퍼픽션 Hyperfiction: 하나의 소설 속에 수십 또는 수백 가지의 다양한 줄거리가 가능한 컴퓨터상의 소설 형식으로 독자는 이야기의 고비마다 자신의 선택에 따라 새로운 상황을 맞이할 수 있음 을 읽어본 적이 없는가? 하이퍼픽션에서는 읽기보다는 선택을 더 많이 하게 된다. 모든 것들은 상호작용과 복합반응을 기초로 하고 있다. 하이퍼픽션은 단선적이 아니라 공간적으로 읽어내려 가는 글이다. 이는 포스트모던인들이 일방적이며, 무미건조하고, 독선적인 양상을 띠고 있는 주요 신문이나 저녁 뉴스를 보지 않는 이유를 설명해 준다.

바로 이 점이 새롭게 출현하는 문화를 진정으로 혁명적이게 하는 것이다. 지금까지 사람들은 '내가 보는 것이 내가 갖게 되는 것'이라는 생각만 하며 인생을 살아왔다. 그들의 선택권은 매우 제한적이었다. 그러나 이제 사람들은 '내가 선택하는 것이 내가 갖게 되는 것'이라는 인생을 살아간다. 이는 참여문화(Participation Culture)를 말하며, 이와 같은 삶은 "EPIC"의 "P"와 연관된다.[14] ['가라오케'(Karaokees) 참조]

선택문화는 기독교인들에게 위협과 기회를 동시에 안겨준다. 위협이란 무엇을 말하는가? '나의' 신앙은 마치 욕조나 가죽소파 또는 첨단의 홈시어터 같은 것을 소유하는 것처럼 개인적 안락과 편리를 위한 개인적 선택이 되었고, 나의 영성은 상품화되었다. 이러한 신앙의 상품화는 교회를 '종교적 상품과 서비스'[15]의 판매장소로 만들고 있으며, 목회자를 '교수방법'과 '예배경험'과 같은 영적 사탕 혹은 판매 전략으로 유혹하는 소매상인으로 변질시키고 있다. 그 교수방법과 예배경험은 사람들을 영적인 자기도취에 빠지게 하면서 그리스도의 길과 하나님을 예배하는 것을 배우고 있다고 생각하게 만든다. 하지만 실은 거짓된 상품으로 '소비자들'을 속이는 것과 같은 것이다.

이와 같은 성격을 지닌 선택문화에서는 선택문화의 일반적인 판매방법에서 나타난 것처럼 종종 광고하는 내용과 실제 상품이 일치하지 않는다. 예를 들면, 내가 소유하기로 선택한 '영적 상품' 중에 하나가 공동체라 할지라도, 그 공동체는 마치 어떤 사람이 이발을 할 때 경험할 수 있는 것처럼 내가 원하는 것을 제공하지 않는다. 그 이유는 무엇인가? 그것은 우리가 공동체 안에서 갈등하게 되고 실망하게 되거나, 원래 우리가 꿈꾸던 이상적인 공동체의 모습과 다른 현실을 만날 때 우리는 그냥 그곳을 떠나 다른 곳을

둘러보기 때문이다. [‘사랑’(Love) 참조]

진정한 공동체는 갈등의 한가운데서 떠나지 않고 용서를 배우고, 상실 한가운데서 인내를 배우는 사람들에 의해서만 경험되어진다. (인생의 상품화는 아마도 포스트모던시대의 특성이라기보다는 이 전환기의 정점에 나타나는 고도의 모던성의 표상으로 보이며, 축복이라기보다는 저주라고 할 수 있는 유산으로 포스트모던 세계에 남겨질 것이다.)

반면에 선택문화는 획득보다는 사명에 따라 살아가는 기독교인들을 위해 중요한 기회를 제공한다. 나는 안락뿐만 아니라 봉사를 기반으로 하여 내가 살 곳을 선택할 수 있다. 나는 신분상승뿐만 아니라 신분하강을 선택할 수 있다. 나는 돈을 많이 벌어서 많은 돈을 나누어주는 것을 선택할 수도 있다. 또는 조금 벌고 검소하게 사는 것을 선택할 수도 있다. 나는 신앙생활과 봉사를 위해 새로운 교단이나 교파를 선택할 수 있다. 사실상 재침례파 교회, 장로교회, 성공회, 오순절 교회를 각각 10년씩 다니면서 다양한 경험을 통해 내 신앙을 원만하게 하고, 앞선 경험에서 얻은 것으로 새로운 곳에 가치를 더할 수도 있다.

이것은 어떤 다른 축복과 마찬가지로 선택에 있어서도 동일하게 적용된다. 많은 것이 주어진 사람에게는 많은 것이 기대된다. 오늘날 목회에 있어서 중요한 부분은 사람들이 바른 선택을 하도록 돕고, 그 선택에 대해 책임을 지도록 하는 것이다. “이것은 나의 인생이야. 나는 이 방법을 선택했고, 이 선택에 따라 하나님으로부터 심판을 받을 것이다.” 영화 「인디아나 존스」(Indiana Jones)에 나오는 대사인 “현명하게 선택하라.”는 참으로 적절한 말이다.

C is for church(소문자) 교회

* 다른 모든 것들을 제외하고 지금까지 고안된 공동체 가운데 최악의 형태.[16] 마크 오클리(Mark Oakley)는 "깨끗한 것이 때때로 만지기 불쾌한 상태" 라고 하면서 교회를 '비누통' 으로 비유했다."[17]

* 너무도 자주, 더 이상 존재하지 않는 문제를 푼다든지, 아무도 묻지 않는 질문에 답을 하는 둔감함으로 가득 채워져 있는 사회학적 구조.

1990년 초 암스테르담에서, 포스트모던인들은 하나님에 대해 관심을 갖고 있는지 질문을 받았다. 그때 100%의 사람들이 모두 '그렇다' 라고 대답하였다. 그 다음 그들은 교회에 대해 관심을 갖고 있는지 질문을 받았다. 그러자 1%의 사람들만이 '그렇다' 라고 대답하였고, '99%' 의 사람들은 '아니다' 라고 대답하였다. 만약 당신이 긍정적인 측면을 본다면, 당신은 적어도 교회는 하나님과 경쟁하지 않는다고 말할 것이다. 하지만 만약 당신이 다른 측면에서 본다면, 당신은 울지 않을 수 없을 것이다.

> 예수님도 교회를 싫어하셨다.
> – 필라델피아의 열 번째 장로교회의 게시판에서

C is for Church(대문자)
교회

* 그리스도의 몸 – 유기체적 존재.
* 성도들의 친교.
* 하나님 나라의 영적인 문.

주목하라. 교회는 성전이 아니다. 스데반은 순교할 때, 교회는 벽돌에 불과한 것이 아니라 몸이라고 암시하였다. "지극히 높으신 이는 손으로 지은 곳에 계시지 아니하시나니"(행 7:48).

C is for Cloning
클로닝

* 유기체를 대량 복제하여 끊임없이 같은 것을 존재하게 하는 악몽의 세계를 가리키는 말. 클로닝은 이미 동물들 사이에서는 일상적인 일이다. 쥐, 양, 염소, 돼지, 보기 드문 야생 황소까지 복제되었다. 당신은 심지어 인터넷

상에서 복제된 암소를 주문할 수 있을 것이다. 미국 위스콘신 주의 동물복제회사에서 일하는 한 고등학교 여학생은 암소를 복제했다.[18)]

* 인간의 기호와 디자인에 따라 모양을 만들고 형상을 빚는 찰흙과 같이 유전자를 취급하는 것을 가리키는 말.
* 교회가 생물학적 의미에서 싫어하는 것. 교회가 영적인 의미에서 좋아하는 것. 즉 생각이 비슷하고, 행동이 비슷하고, 관점이 비슷한 사람들의 공동체.
* 차이와 다양성이 증대되는 하나님의 창조 계획에 반대되는 것.
* 포스트모던 문화의 생명공학 윤리적 딜레마 중 하나. 만일 인간의 복제는 아직 이루어지지 않았다 해도 어차피 나타날 현상이다.[19)] 싱가포르, 인도, 러시아 그리고 브라질 등 여러 나라들에는 인간 복제 연구에 아무런 법적 규제가 없다.[20)]

'쌍둥이' 라 불리는, 자연적으로 일어나는 복제는 우리에게 복제가 완벽히 똑같게 일어나지 않을 것임을 상기시켜준다. 유전적으로 같다고 할지라도, 복제된 것들은 같은 삶을 경험하지만 각각 다른 반응을 나타낸다.

당신의 교회가 포스트모던 목회로 효과적인 어떤 것을 계발한다면, 당신의 교회의 작은 복제품이 되는 방법을 다른 교회들에게 가르치기 위해 컨퍼런스나 세미나를 열지 '않겠다' 고 하나님과 엄숙한 약속을 맺어라. 모든 수단을 통해 당신의 성공 비결을 나누어라. 그 성공 비결을 멀리 그리고 널리 퍼뜨려라. 그러나 당신의 성공을 복제할 수 있는 상품으로 보지 말라. 그보다는 오히려 창조하며, 적용하며, 발전시키며, 향상시키며, 그들의 영역 안에 새로운 가능성을 발견하도록 다른 사람들에게 영감을 주는 것으로 보아라.

C is for Coaching
코칭

C

개인적 코칭 Personal Coaching 포스트모던은 그들 자신의 개인적 영적 코치를 필요로 하며 원하게 될 것이다. 영적 코치의 의무는 선수들이 가장 좋은 성적을 내도록 하는 것이다. 코치는 관중들을 위해 게임에 참여하는 것이 아니다. 그는 선수들을 가르치며, 바로잡으며, 훈련시키고, 동기를 부여하고, 조언하고, 영감을 주고, 선수들에게 영적인 위대함을 찬양하도록 할 수 있다. 개인적인 영적 코치는 제자들의 삶에 있어서 하나님의 꿈을 발견하도록 도와주고, 그들의 영적인 가능성을 극대화시키도록 해주며, 복음에 합당한, 신실하고 풍성한 삶으로 나아가도록 이끌어준다. 목회상담가들이 미래에도 역할을 하길 원한다면 '치료자'의 모델에서 벗어나 개인적인 영적 코치의 모습으로 스스로를 개혁할 필요가 있을 것이다. 영적 지도자는 이제 부분적으로는 예술 지도자요, 인테리어 디자이너요, 코치요,[21] 치어리더요, 마술사이다.

팀 코칭 Team Coaching 상상할 수 있는 직업 중 가장 어려운 직종. 왜냐하면 팀을 키우는 것은 슈퍼스타들과 다른 선수들 간의 조화를 만들어 내는 하나의 예술이기 때문이다. 팀은 프리마돈나 가극의 주역, 여배우, 인기 가수-역자주를 필요로 하고, 그들이 없이는 살아남을 수 없다. 그러나 프리마돈나는 팀과 함께 어울려 일하는 것이 필요하고, 팀이 백라이트로 받쳐주지 않으면 프리마돈나로서 빛날 수가 없다.

모던시대의 목회에서는 설교자, 가수, 방송가, 배우, 달변가 같은 프리마돈나 스타가 영웅이었다. 그러나 포스트모던 목회에서는 선수들을 계발하여 그들을 지혜롭게 배치하는 사람, 새로운 재능을 필요로 해서 찾아다니는 사람, 훈련과 헌신으로 영감을 주는 사람, 적절한 시점에서 적절하게 경기하게 하고 필요한 시점에서 경기를 종료시키는 사람, 칭송을 얻으려고 하기보다는 칭찬을 베푸는 사람, 경기의 종료 시점에 선수들에게 상급이 주어질 것을 확신시키는 사람이 진정한 영웅이다.

포스트모던 세계로의 변천을 추구하는 모던 지도자들은 반드시 그들 자신에게 코칭에 관한 몇 개의 시험적인 질문을 던져야 한다. 나는 경기장에서 갈채와 명성의 자리를 원하는가 아니면 경기장 밖에서 참된 의미를 찾고 섬기기를 원하는가? 나는 나를 더욱 빛나게 해줄 팀을 원하는가? 나는 스포트라이트를 필요로 하는가?

EPIC 활동

Coaching
코칭

매주 목요일, 아웃소싱 회사인 탈렌트퓨전(TalentFusion)의 최고경영자이며 공동설립자이고 신입사원 채용담당을 맡고 있는 사람은 45명의 스태프들과 축구 게임을 하러 밖으로 나간다. 긴장을 풀기 위한 방편으로 시작했던 것이 이제는 이 회사의 DNA의 한 부분이 되어버렸다.

"우리는 스태프와 회사의 비전에 대해 이야기를 나누는 동안 에너지를 전달하는 방편으로 게임을 합니다."라고 40세이자 스트라이커를 맡고 있는 데이비드 폴라드(David Pollard)가 말했다. "축구 경기장 안에서는 직급이 아무 의미가 없습니다. 나는 사람들이 회사의 상하관계가 아니라 어떻게 게임을 이길지에 관심을 쏟을 때를 좋아합니다."[22)]

폴라드는 팀워크와 협력의 멋을 경험하도록 게임을 이용한다. 당신은 축구나 야구나 닌텐도 Nintendo: Sony, Sega와 더불어 일본의 대표적인 게임회사 또는 그 회사의 게임-역자주를 할 수 있다. 그리고 어떤 다른 것을 할 수도 있다.

게임 후 게임에 대해 대화를 나누어라.

- 골 득점을 위해 절대적으로 필요한 것은 무엇이라고 생각하는가?
- 골을 얻기 위해 당신의 팀이 갖추어야 할 것은 무엇인가?
- 당신이 다시 게임을 한다면, 당신이 이전과는 다르게 해야 하는 것은 무엇인가?
- 이 게임에서 우리가 배운 것을 기반으로, 어떻게 우리는 우리의 현재 목회상황에서 팀처럼 훌륭한 기능을 할 수 있는가?
- 우리가 훌륭한 팀이 되지 못하도록 방해하는 장애는 무엇인가?

* 최근 크리스천이 사용하는 어휘 가운데 지나치게 많이 사용되는 단어.
[‘사랑’(Love), ‘EPIC 성향’(EPICitivities) 참조]

“공동체”를 경험하기 위해서는, 결코 “공동체”를 보지 말라.

목회 사역에서 많은 목사들은 “말씀, 성례전, 그리고 사명”(Word, Sacrament, and Order)을 위해 안수를 받았다. “규례와 사명”의 목회뿐만 아니라 포스트모던 안수는 “말씀, 성례전, 그리고 혼돈”(Word, Sacrament, and Chaos)의 사역까지도 포함하는 “은총과 사랑”의 사역을 받아들이는 것이 필요하다. 결국, 이것은 예수님께서 죽임을 당하신 목적을 위한 것이다.

태초의 혼돈 위에 하나님의 영이 떠다니는 것을 묘사하는 창세기의 장면에서, 하나님이 '무(無)에서부터'(*ex nihilo*) 세상을 창조하신 것처럼(창 1장), 하나님은 '혼돈으로부터'(*ex complexio*) 세상을 창조하셨다(창 2장).[23] 복잡성 이론(Complex theory)은 생명에 관해 새롭게 발견된 법칙, 그리고 자기 조직으로부터 발생한 삶을 연구하는 과학의 새로운 장이다. 복잡성의 과학에서, 21세기 과학적 발전의 중요한 인큐베이터에서, 진리는 복잡성 안에 있다. 어질러짐은 탄생, 창조성, 심지어 구조를 위해 필수적이다. 자기 조직 체계를 더 크게 교란시킬수록, 구조는 더욱 크게 된다.[24] 우리는 동의하지 않을지라도 사실, 몇몇 학자들은 신성함은 인간이 세운 질서의 세계가 아닌, 오직 혼돈 가운데서만 발견할 수 있다고 주장한다. 예를 들어, 조지 바탈리(Georges Bataille) 같은 학자가 그렇다.[25]

> 이 세상에서 우리의 삶을 향상시키고 고양시키는 것은 무엇보다도 자기 조직화의 능력이다.
>
> – 디아무이드 오무츄[26]

포스트모던인들은 복잡한 것을 두려워하지 않으며, 진정으로 그것을 받아들인다. 그들의 가족 관계는 복잡하다. 이복형제, 계모, 8명의 조부모, 친구와 친척 간의 연락망 등. "다섯 개의 지름길"로나 "일곱 가지 습관"이나 "열두 개의 규칙"[27]으로는 더 이상 정리할 수 없다.

사실, 당신이 작은 것을 얻을수록, 더욱더 복잡한 것이 되고 만다. 더 큰 것은 더 작은 것을 의미한다. 더 작은 것은 더욱 뒤틀리며, 더욱 변덕스럽고, 더욱 의식적이며, 더욱 영적인 것을 의미한다. 전자(電子)는 많은 면에서 우주선이나 전함보다 더욱 복잡하다. 큰 것은 간단한 기계적인 법칙을 따르고, 군중들의 행동은 예측할 수 있다. 그들은 특정한 통계 법칙을 따라 행동한다. 하지만 개개인의 행동은 도무지 예측할 수가 없다.

아인슈타인(Einstein)이 "가능한 한 간단하지만 단순하지는 않게" 모든 것을 만들 필요가 있다고 말했을 때, 그는 작지만 세계적일 수 있는 작고 작은(bits-bites-bots) 세계를 염두에 두고 있었다. 작은 것이 커다란 효과를 낼 수 있다. 대형 목회는 작은 사고방식 위에 세워진다.

> 세계는 아주 복잡하고, 엉켜 있으며, 지나치게 부담이 되므로, 명료하게 볼 수 있도록 잘라내고 또 잘라내야 한다.
>
> – 소설가 이탈로 칼비노28)

더욱 복잡한 체계일수록, 더욱 단순함이 필요하다. 복잡함에 적응하는 체계는 열린 체계이다. 그리고 열린 체계는 닫힌 체계보다 더 큰 이익을 얻는다.

이러한 복잡성과 열린 체계에 대한 선호는 산업세대와 산업세대의 종교기관들에게 융통성을 제공할 수 있다. 당신은 두세 개의 다른 교리문을 가지고 있는 교회나 교단이 함께 공존하는 것을 상상할 수 있겠는가? 루터주의자들이 루터교단의 선발체계를 통해 걸러진 사람만을 받고, 다른 교파의 목사 후보생들을 거절하는 것이 훌륭한 분리정책일까? 6명의 평범한 메노파 16세기 네덜란드의 프리슬랜드에서 일어난 신교의 일파–역자주 목사들, 또는 오순절파 목사들이 "복잡성을 야기시키면서" 장로교인의 행정을 도울 수 있을까?

일반적으로, 모던 교회들은 놀랍도록 복잡한 교리문과 굉장히 간단한 제자 훈련서를 가질 수 있다. 그것은 교회 봉사에 참여하고, 성경에 대해 더 많이 배우기 위한 것이다. 만약 당신의 교회나 교단이 패턴을 뒤집어서 교리문 전체를 버리고, 그것 대신에 사도신경이나 지상대명을 채택하여 사람들을 제자들처럼 성장하도록 돕는다면, 무엇을 잃으며 무엇을 얻을 수 있겠는가?

죄렌 키에르케고르(SΦren Kierkegaard)는 "가장 큰 정신적인 잘못 두 가지는 게으름과 조급함"이라고 말하였다. 게으름이란 복잡성과 미지의 것에 머물기를 거부하는 것이며, 조급함이란 지금 모든 것을 소유하지 못하는 것을 거부하는 것이다. 당신의 교회에서는 게으름과 조급함이 어떤 형태로 존재하는가?

> 불확실한 것에 대해 논쟁하는 것보다
> 불명확한 것을 의심하는 것이 더 낫다.
> – 히포의 어거스틴(Augustine)

C is for Connectivity 상호연결

평원(平原) 인디언 Plains Indian: 원래 북미 대초원에서 생활한 인디언–역자주 은 흡연 예식으로 유명하다. 파이프를 나눔으로써 예식을 끝맺을 때, 모든 참가자들은 함께 외친다. "우리는 모두 연관되어 있다."

다른 사람의 부분으로 자신을 경험하는 것, "우리는 모두 연관되어 있다"라고 느끼는 것은 가장 영적인 경험 중 하나이다. 모든 것은 연결되어 있다. 분리된 것은 아무것도 없다.

미래의 기본적인 단위는 고립된 개인이 아니고, 공공의 집단도 아니며, 상호의존적인 집단이다. 상호의존적이 될수록, 개인적인 독특성은 더욱 중요하게 된다. 개인적이고 상호의존적인 상호작용은 세 번째 실체, 즉 '연결된 자아'를 낳는다. 미국 군대의 상업방송에서는 '하나의 군대'라는 말이 등장한다. 포스트모던 사람들은 적합한 사람만 모으는 것이 아니라, 함께 어울리는 새로운 방식을 추구한다.[29]

포스트모던인들에게 늘 따라붙는 상호연결을 향해 외치는 소리는 "우리는 모두 잘 지낼 수 없을까?"라는 로드니 킹 Rodney King: 경찰폭력의 피해자로 폭력 장면이 TV에 보도되어 LA 폭동의 진원이 되었던 인물-역자주 의 영혼의 울부짖음이다. 상호연결은 사회적 자본, 시민의 약속, 동료, 가족, 친구, 낯선 사람과 같은 다른 사람들과의 사회적 연결에 있어서 부분적으로 감소되고 있다.[30] 그러나 상호연결이 훌륭하게 이루어지는 것이 있다.

인간들 사이의 연결, 인간과 자연 사이의 연결, 인간과 하나님 사이의 연결은 모두 상호 연계되어 있다. 커뮤니케이션이 증대될수록, 상호연결에 대한 굶주림은 더욱 커지게 된다.[31] 교회는 물리적 공간과 가상적 공간을 통하여 친교를 위한 공동체 내의 의사소통으로 사람들을 연결시켜야 한다.

동테네시 주의 언덕 위에 거대 수력발전소인 노리스 댐(Norris Dam)이 세워진 지 얼마 후에, 한 야간 근무자는 이상한 점을 발견하였다. 그는 조용한 밤에 자신의 뒤에서 엄청난 양의 전기를 발생하는 거대한 발전기가 윙윙거리며 돌아가는 강력한 소리를 들을 수 있었다. 그러나 그 앞에 보이는 모든 건물의 불빛은 전기력이 아닌 등유 램프에 의해 빛나고 있었다.

그가 그 이유를 찾았을 때, 그는 전동장치의 라인이 아직 설치되지 않았다는 것을 발견하였다. 사람들은 도시 전체를 밝힐 수 있는 충분한 전력이 있는 댐의 그림자 아래 살고 있었지만, 연결이 되어있지 않았기 때문에 전력을 전혀 얻을 수 없었다. 전력은 그들을 둘러싸고 있었지만, 그들은 전력

에 플러그를 꽂지 않았던 것이다.[32]

선이 연결되어 있다는 것은 앞으로 새롭게 나타나는 목회에 있어서 세 가지를 의미한다. 가장 중요한 첫째, 당신은 당신의 모든 필요를 채워 주시는 하나님의 콘센트에 즉, 성령에 '플러그를 꽂고' 있는가? 둘째, 목회의 목표와 개인용 기기/연장에 있어서 두 가지 모두 디지털 문화에 플러그를 꽂고 있는가? 셋째, 사회적으로 인간과 동물 양쪽의 모든 창조물과 연결되어 있는가?

거미집의 실은 거미의 몸에서 나온 것이다. 거미집의 중앙을 향해 원을 만드는 실은 끈적끈적하다. 그러나 중앙을 잇는 실은 매끄럽다. 삶의 유일한 참 중심, 예수 그리스도께로 가는 길은 매끄럽게 만들어져야 하며, 삶의 동심원은 끈끈하게 연결되어야 한다. 기독교 지도자들은 한 현명한 미국 중서부의 목사가 "개인적인 크리스천, 성경은 당신을 주목하지 않는다."라는 말로 그의 회중들을 반복해서 깨우치는 것을 사람들에게 점점 더 상기시킬 필요가 있다.

만일 우리가 함께 알며, 함께 성장하며, 함께 섬기며, 함께 괴로워하며, 함께 웃고 울고, 함께 즐거워하며 금식하며 나누며, 함께 살며, 함께 망하며, 함께 일어서는 공동체 안에서 사람들과 연결되어 있지 않다면, 우리는 모던이든 포스트모던이든지 간에 진정한 기독교 목회라는 점에서 헛바퀴만 돌리고 있을 뿐이다.[33] 모던시대에서 우리가 생각하는 앎은 개인적인 생각에서 일어나는 어떤 것이다. 지금 우리는 앎이란 사랑과 무관한 것이 아니라 연결을 경험하는 것임을 알고 있다.[34] 한 포스트모던인은 이렇게 말한다.

> 예배, '나에게 말해주는' 적절한 예배는
> 공적이지만 개인적인 것이요,

교훈적이지만 감정적인 것이요,
실천적이지만 영감을 주는 것이요,
실체적이지만 영적인 것이다.[35)]

"연결에의 도전"은 칸트의 유명한 계몽주의의 모토인 "앎에의 도전"을 대체하였다. ['신비주의'(Mysticism) 참조]

* 1970년대 예배의 다른 이름. 예배는 150~300년의 시간이 아닌 30년마다 변한다.

사람들이 예배를 '더욱 현대적으로' 만드는 것에 대해 대화를 나눌 때, 대부분 조명을 희미하게 쏜다든지, 비트를 빠르게 한다든지, 음악을 힙합으로 바꾸는 것을 의미하는 것처럼 말한다. 지금 예배 시에 많은 찬양을 하지만 예배는 찬양 그 이상임을 잊지 말라. 우리 자신이 예배를 음악적인 차원으로 제한한다면, 우리는 중요한 포인트를 잃어버리는 것이다.

새롭게 출현하는 문화에서 우리는 "현대"(Contemporary)라는 단어를 쓰기보다는 "신선한 예배"(Fresh Worship)나 "국제적인 예배"(Interna-tional Worship)를 표제어로 쓰는 것이 낫다고 본다. 모더니티를 넘어선 신선한 예배에서는 고대의 많은 자원을 쉽게 끌어다 쓸 수 있다. 사실, 우리는 점점 더 그렇게 하길 기대한다. 현대 예배의 진정한 매력은 유행이 아니라 신선함과 역동성과 목적성에 있다.[36)]

오늘날 두 가지 수용할 수 없는 선택이 있다. "전통적인 예배"에서는 처음 듣는 사람에게는 매우 이해하기 어렵고 너무 의미심장한 시적인 언어들, 예를 들어 "나는 지금 나의 에벤에셀을 올립니다." 혹은 "영화로운 면류관을 드립니다."와 같은 말들을 자주 사용했다. 비록 라틴어나 러시아어의 독특한 의미가 있긴 하지만 우리는 현대 영어를 사용하는 사람도 완전히 이해할 수 있고 잘 알려진 찬양을 부를 수 있다. 이해할 수 있으며 의미심장한 것이 가장 좋은 것이다.

마찬가지로, 현대적인 것은 굉장한 업적을 필요로 하지 않는다. 이를 입증하기 위해, 표준적이고 현대적인 찬송을 매주 45분씩 부르는 현대 교회의 주일예배에 참석해보라. 그 후에 이러한 곡을 2,340분(39시간) 동안 불러보라. 그러면 한 가지 확실한 것을 느낄 수 있을 텐데, 그건 바로 지루함이다. 그 곡들이 아무리 현대적이라 할지라도, 39시간이 지나면 거의 모든 곡의 신선함이 떨어지게 된다. 정말 그렇다. 그 곡들은 현대적이지만, 똑같이 표준 코드를 사용하고, 똑같이 예측할 수 있는 멜로디를 사용하며, 똑같이 진부한 시적인 표현을 사용한다. 현대적인 스타일을 가진다는 것은 이미 한물 간 현대적인 곡을 유지하는 것이 아니다.

이해할 수 있는 의미심장한 찬송을 주라. 그러면 우리는 기쁨으로 찬양

할 것이다. 우리에게 신선한 찬송을 주라. 그러면 우리는 내내 열정적으로 찬양할 것이다.

노래는 영혼을 건강하게 한다. 상추, 브로콜리, 당근, 감자는 오랫동안 보관할 수 없다. 오직 몇 안 되는 '클래식' 노래와 상품들, 즉 "나 같은 죄인 살리신"(Amazing Grace), "목마른 사슴"(As the Deer), 펩시콜라, 콘프레이크 등만이 세대가 지나가도 가치가 있다. 클래식 음악을 음미한 후에 주님께 바치는 새롭고도 신선하고, 의미심장하고, 이해할 수 있는 찬양을 불러라.

C is for Converts
개종

* 교회가 너무 적게 소유한 '제자들'과 대조적으로, 교회가 너무 많이 가지고 있는 것.

개종은 자기가 운전하는 판에 박힌 삶에서 벗어나 뒤로 돌아서서 하나님께서 운영하시는 탄탄대로 위로 가는 것을 선택하는 것이다. '하나님은 나의 협력-조종사'라는 크리스천 범퍼 스티커에 분명하게 나타나 있는 것처럼 말이다.

20세기의 가장 위대한 '개종' 이야기는 안타깝게도 가장 끔찍한 대량학

살사건이었다. 1994년, 85%의 르완다(Rwandans) 사람들은 그들 자신을 '크리스천' 이라고 불렀다. 1994년 어느 달에, 10만 명의 후투족아프리카의 르완다 · 브룬디에 사는 농경민–역자주 '크리스천' 이 이웃 부족인 투치족 '크리스천' 약 100만 명을 투치족이라는 이유만으로 죽였다.[37] 이 후투족 크리스천들을 두고 독일의 크리스천 시인 제프리 힐(Geoffrey Hill)은 "다시 태어났으나 사산(死産)되었도다."라고 썼다.[38]

예수님께서는 우리에게 똑같은 사명을 주시지 않았는가? "가서 제자 삼아라." 이것은 두 부분으로 나누어진다. "가라." 그리고 "제자 삼아라."

'제자' 라는 단어는 우리가 그리스도인으로서 누구인지를 알려주며, 우리의 소명이 무엇인지를 말해준다. 개종한다는 것만으로는 충분치 않다. 제자훈련이 필요하다.

C is for Creation 창조

* 모던 세속주의자들이 '자연' (예술의 신성한 작업을 '가공되지 않은 재료' 라는 신성모독적 언어로 바꾼 말)이라고 부르던 말. 그리고 모던 크리스천들이 항상 '진화' (거룩한 신비를 모독하고 미혹하는 말)와 상반되어 연관시켰던 말.

* 고대 크리스천들이 성경에 따라 제시한, 하나님의 자기 계시의 두 가지 주요 속성 중 하나.

* 새롭게 출현하는 크리스천들이 하나님의 예술 갤러리처럼 소중히 여기는 것.

땅의 흙으로 아담을 만든 하나님의 창조 속에 내포되어 있는 생명의 이야기는 땅의 이야기와 긴밀히 연결되어 있다.

고대 그리스-로마 문화에서는 땅에 대한 존경의 표현으로 땅에 입을 맞추는 풍습이 있었다. '예배'를 뜻하는 말로, 신약성경에서 가장 자주 쓰이는 단어는 '프로스퀴네오'(*proskuneo*)이다. 이것은 '프로스'(*pros*, '…을 향하여')와 '퀴네오'(*kuneo*, '입맞춤')로부터 온 것이다.

포스트모던인들에게 있어서 대지는 '어머니 지구'이다. 신성한 땅을 비극적으로 묘사한 제임스 머릴(James Merrill)은 "아버지 시간과 어머니 지구/바위 위에서의 결혼"이라고 말하였다.[39] '환경'(environment)이라는 단어가 점점 적게 사용되는 것은 당연하다. '신성한 땅'의 신학에 있어서 이 단어는 매우 무덤덤하다.

만약 우리의 인간성이 우리의 관계들 - 제비, 달팽이와의 관계/ 친구, 원수와의 관계/ 성부 · 성자 · 성령과의 관계 - 에서 매우 분명하게 나타난다면, 모던 세계는 절실히 결혼상담가를 필요로 할 것이다. 상업을 위해 기꺼이 생명의 체제를 희생시키는 것은, '자연' 재해가 더 이상 '자연적'인 것이 아니라 야기된 것이라는 점에서 어머니 지구의 폐와 더불어 다른 필수 장기들이 서로 먹고 먹히는 존재가 되었음을 의미한다.

지난 10년간의 예측 불가능한 기후 패턴은 사라져버린 숲의 부산물이며, 신선한 공기가 사라지고, 생태계가 사라진 탓이다. 현재 산림채벌의 비율로 볼 때, 에콰도르는 20년 안에 완전히 메마르게 될 것이다. 모던인들은 체계와 관계적 언어를 사고하는 데에 어려움을 가져왔다. 새롭게 출현하는 문화에서, 생태학은 체계와 관계와 삶의 질에 관한 모든 것을 다룬다. 헨리 데이비드 소로(Henry David Thoreau)는 말하기를 "알맞은 식물을 심지 않고서, 멋진 집을 소유한다고 한들 무엇이 좋은가?"라고 하였다.

포스트모던인들에게 있어서, '창조'는 '창조주'와의 관계로 인해 성스러운 소리로 들리며, 대성당에 있는 것보다 집 밖에 있는 것이 더욱 신성한 느낌을 갖게 한다.[40] 새롭게 출현하는 문화에서 창조에 대해 관심을 갖는 자는 하나님이 만드신 대성당을 돌보는 것이다. 현재 전 세계에는 130,000개 이상의 종교와 생태 프로젝트가 있다.[41] 불행히도, 그들 중 극소수만이 복음주의 교회에서 나타나고 있다.

> 단순하게 살아라, 아마 다른 사람들도 단순하게 살고 있을 것이다.
>
> – 도로시 데이(Dorothy Day)

문화증후군들은 공유된 태도, 믿음, 규범, 규칙 그리고 자기 정의, 주제를 기반으로 하여 조직된 각 문화의 멤버의 가치로 구성되어 있다.[42]

새롭게 출현하는 문화의 가장 큰 증후군 중 두 개는 어바나 샴페인(Urbana-Champaign)에 있는 일리노이 주립대학의 비교문화연구가 하리 S. 트리안디스(Harry S. Triandis)에 의해 개발된 '개인주의'와 '집단주의'이다.

모던 세계는 집단주의로부터 개인주의로 이동하는 거대한 변혁을 목격했다. 이것은 문화의 복잡성, 풍부함, 도시생활 때문이다. 이런 것들이 개인주의의 증가를 이끈 것이다.

> 개인주의 : 개개인인 목표가 공동체의 목표보다 앞선다.
>
> 집단주의 : 공동체의 목표가 개개인의 목표보다 앞선다.
>
> 개인주의의 이상 : 자신의 일을 행함.
>
> 집단주의의 이상 : 자신의 의무를 행함.

개인주의에서 기본적인 지시대상은 개인적인 것이고 개인적인 목표이다. 규범보다 태도가 더 중요하다. 정체성은 타인에 대한 감정적인 애착보다 개인적 선호, 비용 편익 분석, 경험, 성취, 기술 그리고 소유물로부터 더욱 동기가 유발된다. 자아는 소속한 집단으로부터 구별되고, 육체에 더욱 인접해 있다. 자녀양육(childrearing)의 관습은 창조성, 독립성, 그리고 진취성을 강조한다.

반면, 집단주의에서 기본적인 지시대상은 관계이며 사회적 공간은 그룹 안에서 '분할된다.'[43] 개인적인 목표와 집단적인 목표 사이에 아무런 구분이 없으며, 후자가 전자를 지배하는 것도 아니다. 태도보다 규범이 더 중요하다. 정체성은 가족의 정체성으로부터 나오며, 행위는 일반적 규범들로부터 형성된다. "집단주의적 문화 안에서 규범은 사회적 행동에 대한 더욱 중요한 결정요소이며, 태도는 개인주의적 문화 안에서 더 중요하다."[44] 자아는 그룹 안에서 나오며, 가족이나 부족과 같은 그룹에 초점이 맞추어진다. 자녀양육의 실행에서는 순종, 의무, 옳은 행동, 그리고 전체를 위한 희생을 강조한다. 사회적 거리는 개인주의적 문화 안에 있는 것보다 더욱 짧다.[45]

고대 지중해인들은 오늘날의 미국인들이 가지고 있는 것과 같은 개인주의적 자아가 아닌 집단주의적 자아를 가지고 있었다.[46] 20세기 말, 트리안디스(Triandis)는 세계 인구의 70%가 집단주의적인 반면에, 나머지 30%는 개인주의적이라는 사실을 밝혔다.[47] 북아메리카에서 가장 중요한 것은 개인적인 가치이다. 하지만 세계의 나머지 사람들에게는 개인적인 가치는 별로 중요하지 않게 여겨진다.

포스트모던인들은 모더니티의 정점에 있는 초(超)개인주의에서 벗어나서 자아와 사회의 새로운 결합을 향하여 움직이기 시작하는 단계에 있다. 자아에 대해 이야기할 때, 세 가지 자아의 관점을 염두에 둘 필요가 있다. 즉 개인적 자아, 공적 자아, 집단적 자아가 그것이다. "개인적 자아는 자신에 의한 자아의 평가이다. 공적 자아는 다른 사람들에 의한 자아의 평가이다. 집단적 자아는 특정한 관련 그룹에 의한 자아의 평가를 말한다."[48]

개인적 자아는 "당신 자신을 찾는 것"에 기초할 때, 풍부하게 되고 복잡하게 된다.

공적 자아는 "다른 사람이 당신에 대해 생각하는 것"에 기초할 때, 풍부하게 되고 복잡하게 된다.

집단적 자아는 "기억하라. 당신은 이 집단의 구성원이고 멤버이다. 당신이 크리스천이라는 사실을 잊지 말라."라는 소속함에 기초할 때, 풍부하게 되고 복잡하게 된다.

C

C is for Culture 문화

* 레이몬드 윌리엄(Raymond Williams)에 따르면 "영단어 중에서 두 번째 혹은 세 번째로 복잡한 단어 중의 하나."[49]

* 스탠리 J. 그랜츠(Stanley J. Grenz)와 존 R. 프랭크(John R. Franke)에 따르면, 구조적 신학의 반성을 위한 세 가지 원천 중 하나.(나머지 둘은 '전통' 과 가장 중요한 '성경' 이다)[50]

"스스로 있는 자(I Am)"가 "나는 안에 있다(I' m In)"라는 사실을 전하시려고 그의 유일하신 아들을 모든 문화에 보내셨다. 그런데 문화, 그것이 어떤 형태로 있든지 간에 그 안으로 들어가고자 노력하시는 예수님과는 달리, 교회의 대다수는 그 안에서 탈피하려고 애쓰고 있다.

문화는 크리스천 신앙의 중심교리요 필수적 개념이다. 레슬리 뉴비긴(Lesslie Newbigin)은 모던 청중들에게 충격적인 말을 하였다. "우리는 그것이 문화 안에 체화(體化)되지 않은 어떤 것을 의미하지 않는다면, 순수한 복음 같은 것은 존재하지 않는다는 기본적인 사실에서부터 시작해야 한다. … 모든 복음의 해석은 어떤 문화적 형태로 체화된다."[51]

새롭게 출현하는 문화 안에 살고 있는 크리스천은 모던 시대의 크리스천이 때때로 알았던 것을 다시 배워야 한다. 예수님은 사람들에게 문화를 부과하기 위해, 혹은 사람들로부터 문화를 쫓아버리기 위해 오신 것이 아니라, 모든 문화에 걸쳐서 따라다니는 죄악을 물리쳐서 모든 문화 안에 생명, 기쁨, 은혜, 평화, 그리고 하나님의 자유를 가져다주시기 위해 온 것이다.

서구의 모던 크리스천들은 그들이 문화화 된 복음에 따라 살고 있다는 것을 잊어버리는 경향이 있다. 서구 모던 문명에 대한 그들의 친밀감은 그들에게 그것이 인식되지 않도록 만들었다. 사람들이 "나는 모던 크리스천이나 포스트모던 크리스천이 되는 것을 원치 않는다. 나는 단지 *성경적인* 크리스천이 되고 싶을 뿐이다."라고 말할 때, 그들은 아마도 훌륭한 이상을 표현하고 있으나 그럼에도 불구하고 그것은 순수하기 때문에 위험하다.

성경의 이야기 속에 등장하는 하나님의 백성들은 - 수렵채집 민족으로부터 가부장적 유목민족, 부족동맹체, 군주정치, 피난민의 하위문화, 망명이나 노예와 같은 일시적인 문화 등등 - 많은 문화적인 구조 안에서 살며, 예배하며, 신뢰하며, 순종했다. 성경적이라는 것은 모던이든 포스트모던이든, 문화 안에서 사는 것을 의미하며, 여기에서 예수 그리스도의 대리인으로서의 삶을 추구하는 것이다.

물론 문화 안에서 그리스도의 대리인이 된다는 것은 많은 면에서 우리를 일부 문화와 대항(對抗)하는 관계로 만든다. 그렇다 할지라도, 우리는 여전히 뉴비긴이 말한 "어떤 문화적 양상" 안에서 복음의 해석자로서 살아나가고 있다. 포스트모던의 배경 안에서 목회는 복음과 문화의 이슈에 대한 고도의 민감성을 필요로 한다.[52)]

* 우리가 '태어난' 부분과 '만들어진' 부분 모두를 갖게 되는 것.

이제 질문은 '사이보그인이란 무엇인가?' 혹은 '사이보그인이 아닌 것은 무엇인가?' 가 아니다.[53] 이제 질문은 '인간 됨이란 무엇을 의미하는가?' 와 '인간이 안 됨은 무엇인가?' 이다. 매일 인간의 사이보그화(콘택트렌즈, 성형, 가슴수술, 의수족)는 우리가 알고 있는 것보다 더 빠르게 진행되고 있다.[54]

사실, '태어난' 과 '만들어진' 은 이제 인공적인 구별이다. 그것들은 마이크로칩 안의 코드와 세포 안의 DNA코드를 비교하는 것처럼, 디지털 창조물이 그들의 창조자의 통제 아래 진화하고 움직이는 것처럼 함께 나타난다. 과학계에 속한 많은 사람들은 21세기의 역사를 쓸 지금의 어린이들은 '의식이 있는 기계' 를 볼 것이라고 확신한다. 문제는 시간이 얼마나 걸리는가이다. 미시간대학의 존 홀란드(John Holland)는 100년도 채 안 걸릴 것이라고 생각한다. 썬 마이크로시스템(Sun Microsystem)의 대표인 빌 조이(Bill Joy)는 30년 이내에 그 일이 이루어질 것이라고 예견한다.

포스트모던 문화는 정체성의 위기 속에 있다. 아니면 한 과학자(Douglas Hofstadter, 인디아나대학의 인식과학 교수)의 말처럼 "2093년에 살고 있을 우리는 누구일까?"[55]

미국 헌법의 제5수정조안은 우리의 몸 안에 있는 것을 보호한다. 그런데 나의 뇌의 부분은 이제는 나의 몸 밖에 있다. 나의 PC는 나의 뇌의 연장선이다. 확실히 예쁘지 않고 직선적이다. 앞으로 어느 누군가가 나의 마음을 읽어내라는 법원의 명령을 받아낼 수도 있지 않을까?

모더니티가 지배하는 튜링 테스트The Turing Test: 기계가 생각하고 있는지를 판정하는 테스트-역자주 : 만약 5분간 자판을 두들기면서 나눈 대화 후에 기계와 인간 사이의 구별을 찾을 수 없다면 컴퓨터는 인간이라고 불려도 될 만큼 생각을 하고 있는 것이다. 튜링 테스트의 큰 문제는 "판단자"가 컴퓨터를 인간으로 혼동하는 것이 아니라, 그들이 자주 인간을 컴퓨터로 혼동한다는 데 있다.[56]

> 나는 나의 마음을 잃지 않았습니다.
> 디스크 어딘가에 백업해 두었습니다.
> – 익명의 저자

모라벡 테스트(The Moravec Test)가 포스트모더니티를 지배한다. 기계가 인간인지 아닌지를 측정하는 테스트는 생각할 수 있는지 혹은 인공지능 단계가 어디에 와있는지에 달린 것이 아니라, 기계가 자각할 수 있는가에 달려 있다.[57]

• *Footnote* •

C

1. Pierre Bourdieu, *Distinction: A Social Critique of the Judgement of Taste* (Cambridge, MA: Havard University Press, 1984)에 기초한 내용이다.
2. 이 소설은 F. Scott Fitzgerald, *All the Sad Young Men* (New York: Charles Scribner's Sons, 1926)에 있는 첫 번째 단편이다.
3. Robert Putnam은 높은 사회적 자본을 가진 주(스칸디나비안 미네소타와 노스다코타가 이들 중에 속한다)가 더 좋은 건강, 더 나은 교육, 적은 범죄와 폭력, 그리고 사회자본이 낮은 지역(플랜테이션의 전력이 있는 미시시피와 루이지애나가 이들 안에 포함된다)보다 더욱 풍요롭다는 사실을 발견했다. 참고. Robert D. Putnam, *Bowling Alone: The Collapse and Revival of American Community* (New York: Simon & Schuster, 2000), 401과 Michael Barone, "Doing Your Own Thing by Yourself," *TLS: Times Literary Supplement* (23 February 2001), 5.
4. 영어에서 "미래"(future)라는 단어는 1374년 쵸서(Chaucer)가 <*Troilus and Criseyde*>에서 "Futur tyme er I was in the snare"라고 사용하기 전에는 존재하지 않았다. *Oxford English Dictionary*에서 인용. 참고. John Burrow, "The Third Eye of Prudence," *Medieval Futures: Attitudes to the Future in the Middle Ages*, ed. J. A. Burrow and Ian P. Wei (Rochester, NY: Boydell Press, 2000), 37.
5. *Oxford English Dictionary*에 의하면 모던(*modern*)이라는 말은 '바로 지금'을 뜻하는 라틴어 *modo*에서 왔다.
6. 이에 대한 좋은 예는 2001년에 나온 영화 두 편 <*The Knight's Tale*>과 <*Moulin Rouge*>에서 시대착오와 관련된 흥미 있는 장면을 살펴보라.
7. 참고. Leonard Sweet, *Carpe Mañana: Can Your Church Seize Tomorrow?* (Grand Rapids: Zonderven, 2001)과 Carl F. George, *Prepare Your Church*

for the Future (Tarrytown, NY: F. H. Revell, 1991).

8. 이 말은 Pat Kane, "There's Method in the Magic," *New Statesman* (23 August 1996), 27에서 차용해왔다.

9. 범주적 제국주의에 대한 최상의 실례는 다음을 참조하라. Douglas Groothuis, *Truth Decay: Defending Christianity Against the Challenges of Postmodernism* (Downers Grove, IL: InterVarsity Press, 2000), Marva J. Dawn, *Reaching Out without Dumbing Down: A Theology of Worship for the Turn-of-the Century Culture* (Grand Rapids: Eerdmans, 1995), Os Guiness, *Time for Truth: Living Free in a World of Lies, Hype and Spin* (Grand Rapids: Baker, 2000).

10. 자유주의와 보수주의의 부적절성에 대한 소설적 접근을 보려면 다음을 참조하라. Brian D. McLaren, *A New Kind of Christian: A Tale of Two Friends on a Spiritual Journey* (San Francisco: Jossey-Bass, 2001).

11. Richard Appignanesi and Chris Garratt, *Introducing Postmodernism* (New York: Totem Books, 1995), 40.

12. Malcolm X with Alex Haley, *Autobiography of Malcolm X* (New York: Grove Press, 1965), 245.

13. 2000년도 인구조사에 의하면 인구유입이 가장 많은 주들은 아이다호, 콜로라도, 네바다, 오레곤, 와이오밍, 유타, 몬타나, 알칸소, 테네시, 아이오아 순이었다.

14. EPIC(경험, 참여, 이미지 추구, 관계)에 관한 설명은 다음을 보라. Leonard Sweet, *Postmodern Pilgrims: First-Century Passion for the 21st-Century World* (Nashville: Broadman & Holman, 2000).

15. 이 적절하지만 그리 유쾌하지 않은 표현은 The Gospel and Our Culture Network(*www.gocn.org*)에서 가져온 것이다.

16. 윈스턴 처칠(Winston Churchill)이 민주주의에 관해 이야기한 것을 재구성한 것이다.

17. Mark Oakley, *The Collage of God* (London: Darton, Longman & Todd, 2001), 29.

18. Brian Alexander, "(You)^2," *Wired* (February 2001), 126. 참고. *www.wired.com/wired/archive/9.02/projectx.html?pg=1&topic=&topic_set=*. 2001년 4월 4일

접속.

19. 사담 후세인은 이미 미국의 사오닉스 연구소에 자신의 정자를 복제할 수 있는지 문의했었다. Robert M. Youngson and Lan Schott, "Medical Blunders," *TLS: Times Literary Supplement* (19 July 1996), 32.
20. 미국의 다섯 주(미조리, 미시간, 루이지아나, 캘리포니아, 로드아이랜드)만이 재생적 복제를 금지하는 법을 가지고 있다.
21. Anita Schamber, "The Leader as Coach," *Christian Management Report* 25 (January/February 2001), 7-10. 참고. Coach U (*www.coachu.com*), the Coaches Traning Institute (*www.thecoaches.com*), or the Academy for Coach Training (*www.coachtraining.com*). 2001년 7월 23일 접속.
22. Erika Germer, "Not Just for Kicks: Meeting I Never Miss," *Fast Company* (March 2001), 70. *www.fastcompany.com/online/44/minm.html.* 2002년 5월 17일 접속.
23. 참고. Catherine Keller, "The Lost Chaos of Creation," *The Living Pulpit* 9 (April-June 2000), 4-5.
24. John Polkinghorne, *Quarks, Chaos, and Christianity* (New York: Crossroad, 1996).
25. Georges Bataille, *Theory of Religion,* trans. Robert Hurley (New York: Zone Books, 1989).
26. Diarmuid O'Murchu, *Quantum Theology* (New York: Crossroad, 1997), 96.
27. 1800년경 모든 영국의 가정은 찰스 2세의 "열두 가지 선한 규칙"(Twelve Good Rules)을 소장하고 있었다.
28. Italo Calvino, *If on a Winter's Night a Traveler,* trans. William Weaver (New York: Harcourt Brace Jovanovich, 1979), 244.
29. X세대에 대한 통찰을 얻기 위해 다음을 참고하라. Steve Rabey, *In Search of Authentic Faith: How Emerging Generations Are Transforming the Church* (Colorado Springs: Waterbrook Press, 2001); Ken Baugh and Rich Hurst, *Getting Real: An Interactive Guide to Relational Ministry* (Colorado Springs: NavPress, 2000); Richard W. Flory and Donald Miller, eds., *Gen X Religion* (New York: Routledge, 2000); Clarence E. McClendon, *The X Blessing:*

Unveiling a Redemptive Strategy for a Marked Generation (Nashville: Thomas Nelson, 2000); Andrea Lee Schieber, Ann Terman Olson, and Richard Webb, *What's Next: Connecting Your Ministry with Generation X* (Minneapolis: Augsburg Fortress, 1999)-비디오 포함; Tom Beaudoin, *Virtual Faith: The Irreverent Spiritual Quest of Generation X* (San Francisco: Jossey-Bass, 1998); Tim Celek, *Inside the Soul of a New Generation: Insights and Strategies for Reaching Busters* (Grand Rapids: Zondervan, 1996); Kevin Graham Ford with Jim Delaney, *Jesus for a New Generation: Putting the Gospel in the Language of Xers* (Downers Grove, IL: InterVarsity Press, 1996); Alan Roxburgh, *Reaching a New Generation: Strategies for Tomorrow's Church* (Downers Grove, IL: InterVarsity Press, 1993).

30. Robert Putnam은 사회적 연결의 감소의 25%는 텔레비전에 책임이 있다고 한다. 나머지 75%는 대체로 세대적인 문제라고 주장한다. "교회출석, 선거, 정치문제, 유세활동, 단체가입, 사회적 신뢰의 감소는 거의 전적으로 세대적 계승의 문제이다." 참전세대(GI)는 사회적 자본의 챔피언이었다. 참고. Robert D. Putnam, *Bowling Alone: The Collapse and Revival of American Community* (New York: Simon & Schuster, 2000), 229, 265.
31. Larry Crabb, *Connecting: Healing for Ourselves and Our Relationships: A Radical New Vision* (Dallas: Word, 1997).
32. James W. Moore, *Some Things Are Too Good Not to Be True* (Nashville: Dimensions for Living, 1994), 122-23.
33. 연결을 만드는 새로운 방법에 대해서는 다음을 보라. Randy Frazee, *The Connecting Church: Beyond Small Groups to Authentic Community* (Grand Rapids: Zondervan, 2001).
34. 포스트모던인들의 역할에 대해 다음을 참고하라. Jimmy Long, *Generating Hope: A Strangy for Reaching the Postmodern Generation* (Downers Grove, IL: InterVarsity Press, 1997)과 Jimmy Long et al., *Small Group Leaders Handbook: The Next Generation* (Downers Grove, IL: InterVarsity Press, 1995).
35. Richard P. Schowalter, *Igniting a New Generation of Believers* (Nashville:

Abingdon, 1995), 80.

36. Sally Morgenthaler, *Worship Evangelism: Inviting Unbelievers into the Presence of God* (Grand Rapids: Zondervan, 1995).
37. 참고. John A. Berry and Carol Pott Berry, eds., *Genocide in Rwanda: A Collective Memory* (Washington, DC: Howard University Press, 1999). 베리에 따르면 92%가 기독교인이었다고 한다.(p.27)
38. Geoffrey Hill, *The Triumph of Love* (Boston: Houghton Mifflin, 1998), 46. 힐은 "우리 시대에 가장 훌륭한 영국 시인"이라고 알려져 왔다. 그의 기독교 묵상집은 "20세기 후반 시의 중요한 성과"라고 알려져 있다.
39. James Merrill, "The Broken Home," in *Nights and Days: Poems* (New York: Atheneum, 1976), 28.
40. 당신은 전체의 Earth Charter 성명서를 다양한 언어로 접속할 수 있는 Earth Charter Web Page인 *www.earthcharter.org* 내에서 이것을 느낄 수 있다.
41. Libby Bassett, John T. Brinkman, and Kusumita P. Pedersen, eds., *Earth and Faith: A Book of Reflection for Action* (New York: Interfaith Partnership for the Environment, 2000)를 보라. 또한 Tony Campolo and Gordon Aeschliman, *50 Ways You Can Help Save the Planet* (Downers Grove: InterVarsity Press, 1992).
42. Harry C. Triandis, "The Psychological Measurement of Cultural Syndromes," *American Psychologist* 51 (April 1996), 407-15.
43. Ibid., 409.
44. Harry C. Triandis, Christopher McCusker, and Harry Hui, "Multimethod Probes of Individualism and Collectivism," *Journal of Personality and Social Psychology* 59 (1990), 1007.
45. Ibid., 1018. 예를 들면, "집단주의자인 그리스 사람들은 친분관계를 세워나가고 싶은 사람들을 만나자마자 '친근한 질문들'을 하는 경향이 있다. 예를 들면, 그들은 지금 막 만난 사람에게 '당신은 한 달 수입이 얼마나 됩니까?'라고 묻는다."
46. 그 둘 간의 다른 점을 아주 훌륭하게 요약한 내용을 보려면 다음을 보라. Bruce J. Malina, *The Social Gospel of Jesus: The Kingdom of God in*

Mediterranean Perspective (Minneapolis: Fortress Press, 2001), 119-39.

47. Harry C. Triandis, "Cross-Cultural Studies of Individualism and Collectivism," in *Nebraska Symposium on motivation*, ed. John J. Berman (Lincoln: University of Nebraska Press, 1990).
48. Harry C. Triandis, "The Self and Social Behavior in Differing Cultural Contexts," *Psychological Review* 96 (1989), 506-20, 507.
49. Raymond Williams, *Keywords: A Vocabulary of Culture and Society* (New York: Oxford University Press, 1976), 76.
50. Stanley J. Grenz and John R. Franke, *Beyond Foundationalism: Shaping Theology in a Postmodern Context* (Louisville: Westminster John Knox, 2001).
51. Lesslie Newbigin, *The Gospel in a Pluralist Society* (Grand Rapids: Eerdmans, 1989), 144.
52. 더 나아가 다음을 보라. John Docker, *Postmodernism and Popular Culture History* (New York: Cambridge University Press, 1994). 참고. David Harvey, *The Condition of Postmodernity: An Enquiry into the Origins of Cultural Change* (New York: Blackwell, 1989).
53. 여러 사이트에서 Cyborg Manifesto를 검색해보라.
54. 더 나아가 다음을 보라. Chris Hables Gray, *Cyborg Citizen: Politic in the Posthuman Age* (New York: Routledge, 2001).
55. 1999년 Stanford Symposium에서 열린 Doug Hofstadter의 "Spiritual Robots" 강연회를 보라. "2100년에는 영적인 로봇이 인류를 대체할 것인가?(Will Spiritual Robot Replace Humanity by 2100?)" *www. technetcast.com /tnc_play_stream.html?stream_id=256*. 2002년 5월 17일 접속.
56. Alexander Fiske Harrison, "A.L.I.C.E.'s Springs: Do Computers Really Converse?" *TLS: Times Literary Supplement* (9 June 2000). 14.
57. Hans Moravec, *Robot: Merer Machine to Transcendent Mind* (New York: Oxford University Press, 1999). 모라벡 테스트(Moravec Test)는 카네기 멜론 대학(Carnegie Mellon University)의 로봇 연구소(Robotics Institute)의 회장인 한스 모라벡(Hans Moravec)에 의해 계발되었다.

* 포스트모던 시대의 가장 중요한 철학적/해석학적 개념 중 하나.

* 포스트모던 시대의 특성을 잘 모르는 사람이 가장 이해하기 어려운 것 중 하나.

* 전통적 해석의 가설들 중 많은 부분에 의문을 제기함으로써 시작하는 문학(영화와 다른 매체 포함)에 대한 해석적 접근법. 예를 들면, 전통적 해석에서는 저자의 본래 의도를 파악하는 것이 본문을 해석할 때 가장 중요한 관심사라고 생각한다. 하지만 해체구축에서는 다음과 같이 묻는다. "저자는 작품에서 자신이 생각한 의도보다 한층 더 깊고 아마도 더욱 흥미로운 의미를 표현하는 잠재의식적 동기를 갖고 있었는가?" 또한 해체구축에서는 이렇게 물을 수도 있다. "저자는 자신이 깨닫지 못하고 있었으며, 자신이 생각한 의도보다 본질적으로 더 깊은 의미를 지닌 광범위한 문화적 관념들이나 감정들 혹은 충돌들을 표현해내고 있는가?"

전통적 해석에서는 일반적으로 논리적 구조와 본문의 깊은 일관성을 중요하게 생각한다. 다시 말해 저자는 의미가 통하는 것을 말하려고 하였고, 일관된 방법으로 그 법칙을 실행하였다. 하지만 해체구축에서는 고유한 긴장, 모순, 그리고 비일관성의 요소들을 찾는다. 해체구축에서는 이러한 것들을 본문의 결점이나 결함으로 보지 않고 오히려 본문의 의미에 본질적인 흥미로운 요소로 간주한다. 해체구축에서는 실재는 그 자체가 신비이며 이해를 허용하지 않는다고 믿기 때문에, 그리고 가장 단순화 된 체계가 진실을 명료하게 밝힌다기보다는 오히려 진실을 흐리게 할 수 있다고 생각하기 때문에, 고유한 긴장과 모순을 통찰의 요소로 보고 소중하게 여긴다.

또한 전통적인 해석은 언어가 대단히 강력하고 적절하게 실재를 전달한다고 믿는 광범위한 모던적 세계관 안에서 널리 사용되어 왔다. 이러한 관점에서 우리가 사용하는 단어들은 우리의 마음속에 있는 것들을 단순하고 상식적인 방법으로 전달한다고 여겨진다. 이러한 확신을 가진 모던시대의 학자들은 말을 연구할 때 실재를 연구하고 있다고 믿었다.

하지만 해체구축에서는 이러한 확신을 순진하다고 생각한다. 해체구축주의자들은 (자기들을 포함한) 학자들이 서로 다른 의미로 사용되는 말들로 이야기하는 공동체에 참여하고 있다고 한다. 그리고 그 공동체의 이야기는 외부에 있는 실재와의 연결이 분명하지도 않고, 명확하고 명료하지도 않다고 믿는다. 그 공동체가 암암리에 사용하는 말의 구조와 양식은, 그 구조와 양식을 알아차리지 못한 채 일반적으로 세계관이나 이론이라고 불린다. 그것들은 해체구축주의자들이 제거하려고 하는 "건축물"이며, 그러한 시도는 가설로 이루어진 이론들이 표면에 드러나고, 이해되며, 평가되어질 수 있도록 하기 위함이며, 그러한 이론들 안에 포함되어있는 정보가 숨겨진

D

이론적 기반을 외부에서 다시 볼 수 있도록 하기 위함이다.

다시 말해 해체구축주의자들은 잘 짜여진 말들로 이루어진 반투명의, 혹은 아마도 불투명하기까지 한, 겹겹이 쌓인 수많은 베일들로 인하여 공동체가 "외부에 있는" 실재로부터 격리되어 있다고 이해하는 경향이 있다. 반면에 전통적인 모던시대의 해석가들은 언어란, 학문적인 사회와 실재 사이에 있는 매우 얇고 투명한 하나의 층이라고 이해하는 경향이 있다.

그래서 전통적인 모던시대의 해석가들은 본문에 있는 하나의 '진정한' 의미 찾기를 좋아한다. 반면 해체구축주의자들은 어느 하나의 해석에 특권적 지위를 부여하지 않고, 오히려 다수의 다양한 해석적 공동체 안에서 발생하는 많은 해석의 상호작용을 듣는 것에 흥미를 가진다. 다양한 공동체의 견해가 논의의 장에 나오는 것을 보면서, 해체구축주의자들은 이 상호작용들이 새롭고 더 깊은 이해를 위한 가능성을 증가시킨다고 믿는다. ['동시성'(Simultaneity) 참조]

전통적인 해석가들은 해체구축적 접근을 목적과 추구의 대상인 진리에 대한, 위험하고 파괴적인 접근으로 볼 수 있다. 그리고 때때로 그들의 비평은 정당한 것처럼 보인다. 그러나 많은 해체구축주의자들은 다음과 같이 말하면서 이 비평에 대응할 것이다. "실재, 언어 그리고 일정한 방법으로 언어를 사용하는 공동체 사이에 형성된 복잡한 관계에 대한 우리의 인식은 그 자체가 진리의 추구이다. 우리는 진리를 포기하지 않았으나, 우리의 전통적인 동료들이 인식했던 것보다 진리는 훨씬 더 찾기가 어렵다고 생각하게 되었다. 우리는 해석공동체들이 자신들이 진리에 도달했다고 확신하는 허상을 얼마나 쉽게 만들었는지를 깨닫게 되었다. 그러나 외부에 있는 사람들에게는 전혀 그렇게 보이지 않는다. 예를 들면, 탈레반, 백인지상주의자, 아직도 지구가 평평하다고 믿는 사람들의 국제적 모임을 생각해 보라. 우리는 그와 같은 자기 기만적 공동체가 되는 것을 피하기 위해 노력하는 중이다."

해체구축은 새롭게 출현하는 문화 속에서 기독교인들의 사역에 압도적인 영향을 끼치고 있다. 예를 들면, 설교자들이나 저자들은 성서를 해석할 때마다 자신들이 속한 해석공동체의 가정과 방법에 근거하여 분명한 의미를 찾고자 한다. 그런데 '하나의 진정한 해석'을 추구해온 전통적 해석이 모던인들에게 모국어인 것처럼, 포스트모던인들에게는 해체구축적 해석이 모국어이다. 그렇다면 모던시대의 기독교 지도자들은 해체구축주의자들인 청중들에게 그들의 전통적인 해석 방법으로 생각을 "바꿀" 것을 요구할 것인가? 그러한 요구는 성서와 우리의 기독교 전통에 충실한 행동인가? 아니면 단지 모더니즘에 충실한 행동인가?

모던시대의 기독교인들이 해석에 대한 이 새로운 접근을 향해 문을 여는 것을 두려워할 때, 그리고 해체구축이란, 허무주의와 혼돈으로 향하는 미끄러운 비탈길에서 내딛는 첫 번째 발걸음 같은 것이라고 느낄 때, 바로 그 순간 그들은 아마도 중세의 구교도들이 500여 년 전에 종교 개혁가들에 대하여 어떠한 감정을 느꼈는지를 이해할 것이다. 500여 년 전에 종교 개혁가들은 성서 해석에 대하여 그 당시로서는 새로운 접근을 주장하였다.

해체구축은 모던인들에게 혼돈과 허무주의의 느낌을 주는 반면에, 포스트모던인들에게는 정직과 해방의 느낌을 준다. 모던인들은 해체구축이 불분명하고, 위험하며, 진지하지 않고, 비과학적인 해석을 제공한다고 느끼는 반면에, 포스트모던인들은 해체구축적 해석이 의미심장하며, 재미있으며, 생기발랄하고, 풍부하며, 정직하고, 보람 있으며, 포용적이라고 느낀다.

해체구축을 이해하고 존중하기를 배우는 것은 모던시대의 기독교 지도자들에게 가장 어려운 도전이 될 것이며, 해체구축은 이 책에서 가장 어려운 항목일 것이다. 독자들은 이 부분을 수백 번 다시 읽는 것보다, 대신 영화 「매트릭스」(Matrix)와 「트루먼 쇼」(Truman Show)를 한 번씩 사려 깊게 보는 것을 통해 해체구축에 대해 더 많은 것을 배우게 될 것이다.

D is for Dedicated Server
헌신된 봉사자

만약 당신이 '목회자'가 아니라면, 당신은 바로 헌신된 봉사자이다. 이 세상이 우리의 말을 도적질하지 못하도록 하라. "봉사자가 의기소침해 하면, 하나님조차 일하실 수 없다."

예수님의 모든 제자들은 하나님께 헌신된 봉사자로 안수 받았다. 교회에는 자원봉사자란 없다. 오직 목회자들과 헌신된 봉사자들만이 있다. 성공지향적인 문화 안에서 교회는 봉사자 지향의 문화를 태동시킨다. 기독교의 위대함은 봉사를 통해 이루어진다.

직업이 무엇이냐고 물을 때 한 사람은 늘 이렇게 말했다. "나는 안수 받은 배관공입니다."

당신은 무슨 일을 하는가? 당신이 하는 일이 어떤 일이든지 당신은 그 분야에서 안수 받은 목회자이다. 당신은 안수 받은 요리사이며, 안수 받은 건축업자이며, 안수 받은 교사이며, 안수 받은 의사이다. www.Ginghamsburg.org에는 교인들의 사진과 "낮에 하는 일"과 "진짜 직업"이 나와 있는 교회 주소록이 있다. 그 두 직업은 하나님과 이웃에게 봉사하는 거짓 없는 모습이다.

존 도우(John Doe)

낮에 하는 일 - 치과의사

진짜 직업 - 주일학교 4학년 교사

D

> 저술은 성스런 직업이다. 그러나 원예, 치과병원, 배관도 또한 그렇다. 그러니 자랑하지 말라.
>
> – 작가/라디오 공연가 게리슨 케일러 (Garrison Keillor)[1)]

모던 세계에서는 측정될 수 있는 것들만이 가치 있고 성공적인 것으로 간주되었다. 하지만 포스트모던 세계에서는 삶에서 가장 심오하고 가장 성공한 것들은 측정될 수 없다는 성숙한 깨달음이 있다. 삶의 목적은 측정할 수 없다. 삶의 목적은 중요한 것이다.

당신이 중요하게 생각하는 것을 배가시키는 것은 성서적 원리인 '다른 사람을 향한 봉사'이다. 다른 사람을 향한 봉사는 모든 사람을 주체로 대접하는 것, 즉 '다른 사람'을 첫 번째로 놓는 것이요, 당신이 하는 것을 다른 사람을 위한 자원으로 다루는 것이다. 사람들을 봉사와 사명으로 이끄는 이러한 입장은 1960년대 롤랑 바르트(Roland Barthes) 같은 문학이론가가 자신의 작품에서 저자가 아닌 독자의 지위에 초점을 맞춘 것에 필적하는 교회적 초점이다. 평신도를 일깨우는 것은 성서적이며 신학적 문제이다. 미래교회는 위에서 아래로 내려오는 비전 제공자(top-down visionary)가 아니라 평신도가 주도하는 선교사(lay-led missionary)에 의하여 이끌어지게 될 것이다.[2] 만약 목회자가 교회를 이끌어야만 한다면 지도력은 다시 과정(process)에서 사람(person)에게 의존하는 방식으로 뒷걸음질 치게 될 것이다.

안수에 대한 새로운 개념에 따르면, 새롭게 출현하는 문화 안에서는 당신의 목사는 안수 받은 유일한 사람이 아니다. 오히려 목사는 당신이 파송된 이 세상에서 당신에게 임명된 사역인 '헌신된 봉사'를 신실하고 풍성하게 실천하도록 당신을 훈련하는 사람이다.[3] 사실상 '헌신된 봉사'보다 오히려 '교회성장'의 패러다임이, 모더니즘적 사고방식에 사로잡힌 교회의 또 하나의 자기 고백일 수 있다.[4]

모던시대의 '평신도/성직자' 구분에 의하여 안수를 받은 성직자는 역할의 이동에 의해 위협을 받게 될 것이다. 성직자는 자신의 신분은 격하되나 평신도는 안수 받은 위치로 상승되는 것을 볼 것이다. 현명한 성직자들은 사역에 대한 소유권을 포기함으로써 그들의 지위가 실질적으로 상승되는 것을 실감할 것이다. 즉 그들은 감독으로 그리고 신학교 학장의 수준으로 상승될 것이다. 그리고 그들은 교회뿐만 아니라 그들이 가는 곳은 어디에서나 생동감 넘치는 사역을 위하여 안수 받고 헌신된 봉사자들을 훈련시킬 것이다.

D is for De-Words
De를 접두사로 하는 말

모던 세계에서 성공은 중앙집권적 힘을 지배하였던 사람들의 몫이었다. 즉 중심과 미디어와 대중을 향하여 권력을 발휘하고 통제수단을 모으며 권위를 이용할 수 있었던 사람들에게 성공은 돌아갔다.

그러나 새롭게 출현하는 문화 안에서 성공은 지방분권적인 힘을 지배하는 사람들의 몫이다. 즉 중심의 권력을 모퉁이와 가장자리와 경계로 밀어붙이고, 통제 수단을 분산시키며, 권위를 나누어줄 수 있는 사람에게 권력이 주어진다. 오늘날 가장 강력하게 작용하는 지방분권적 힘은 무엇인가? 인터넷, 특히 파일 공유(P2P)이다.[5)]

모던시대는 "re"('다시', '새로이', '거듭' 이라는 뜻을 만들어내는 접두사) 단어로 건축되었다. 포스트모던시대의 관문은 "de"('분리', '제거' 의 뜻을 만들어내는 접두사) 단어를 통해 새로운 경험과 표현을 향해 열려지는 중이다. "de"는 지방화 되고 지역화 된 분산을 강조한다. 포스트모던 사역을 위한 가장 중요한 "de" 단어 세 개는 권한이양(devolution), 집중배제(decentralization), 해체구축(deconstruction)이다.

1. 권한이양 혁명(Devolution Revolution) : 권위적 구조는 관계적 구조로 변하고 있다. 피라미드 모양이 팬케이크 형태로 바뀌었다.[6)] 계층적

인 '다층 구조'의 관료제도는 '단층의' 네트워크로 평평해지는 중이다. 종이를 기반으로 하는 모던시대의 세계는 전자(電子) 세계에서는 점차적으로 쓸모없는 것이 되고 있는 하부구조를 만들어냈다. 표준적인 모던시대의 권위 관계, 권력 관계, 지도력 관계는 완전히 무너지고 있는 중이다. 성직자가 주도하는 교회는 계층적이고 엘리트 중심의 교회이며, 이것은 계몽주의와 그 이전으로부터 유래되었다.[7] 계몽주의 사조가 붕괴했다는 것은 조직이라는 것이 땅에 묻혀야 한다는 사실을 알려주고 있는 것이다.

권한이양 혁명은 모든 직종에 있는 사람들을 직접 투자자로 만들었다. 즉 '아마추어'는 자기 스스로의 교육에 의하여 '전문가'가 되고, 전문가와의 협력뿐 아니라 '조합에 의한' 지식과 스스로 터득한 지식의 통합을 기대하기까지 한다. 약 3천 개의 교육기관들이 지금 웹 기반 교육을 제공하고 있다.

이러한 현상은 미래에 성직자가 없을 것임을 의미하는가? 혹은 모든 목사는 세상의 직업을 가져야 하는가? 그래서 돈을 받지 않고 아마추어로서 목회를 해야 하는가? 이런 양자택일 식의 사고는 위험하며 도움이 되지 않는다. 돈이 아닌 사랑을 위해 일하는 사람을 의미하는 '아마추어'가 가장 사례를 많이 받는 목사를 부를 때 사용되는 말일지라도, 이러한 이원론적인 사고는 의심의 여지없이 위험하다. 요점은 하나의 권력이양 구조가 다른 권력이양 구조로 바뀌는 것이 아니고, 구조들이 필요한 만큼 만들어지고, 적응되어지고, 없어지고, 대체되고, 다시 개혁된다는 사실을 깨닫는 것이다. 수직적 지도력이 미약한 지도력 혹은 저임금의 지도력 혹은 존경받지 못하는 지도력으로 대체된다는 것이 아니다. (수직적 구조는 나쁠 수 있다. 하지만 무정부 상태가 더 좋은가?) 요점은 다른 이에게 가르쳐주고 그 사람이

다른 이에게 또 가르쳐주고 이렇게 계속 다른 이를 가르쳐주는 지도자를 계발하는 것이다. 그래서 사역이 계속 이어지고 하나님의 뜻이 하늘에서 이루어진 것처럼 땅에서도 이루어지도록 행하는 것이다.

2. 집중배제(Decentralization) : 바벨탑 이야기에서 우리는 인간의 집중화 시도에 대한 하나님의 응답이 무엇인가를 알고 있다.

모던 세계는 대성당의 중심부처럼 종 모양의 중앙을 만들었다. 포스트모던이라는 수플레 달걀의 흰자 위에 우유를 섞고 거품을 내어 구운 요리-역자주 의 중심은 내려앉고 있다. 경제학자 헤이크(F. A. Hayek)가 예견했듯이, 고전적 모양의 집중화 구조는 실타래가 풀리듯 풀리고 있다. 헤이크는 실제적이고 지역적인 형태로, 중심부가 사회 전반으로 흩어지는 현상이 자주 일어나고 있기 때문에, 집중화를 계획하는 기관들은 오류를 범하고 있는 것이라는 사실을 밝혀낸 최초의 학자들 중 한 명이었다.[8)]

그러나 고도로 집중화된 활동의 필요성이, 분산된 활동의 필요성과 더불어 부각된다. 놀랍게도 "de-"와 초집중화는 동전의 양면이다. 2차적인 관계가 더 많이 분산될수록 1차적인 관계는 더욱더 고도로 집중화 되는 것을 볼 수 있다. 2000년에 시애틀에서 열린 세계무역기구(WTO)에 반대하는 시위자들은 세계적인 표준(초집중화)을 요구하면서도, 보다 큰 지방자치(집중배제)를 요구했다.

교단들은 이러한 관점에서 또 다른 "de" 단어인 격하(demotion)를 염두에 두어야 한다. 교단들은 집중화된 계획과 관리 기관으로서 지배하기보다는 오히려 지역적 비전(local vision)의 격려자와 조력자가 되어 낮은 곳으로 내려갈 때에만 생존할 수 있다. 계획하고 통제하기 위해 개입하기보다는, 오히려 그리스도께서 행하신 것처럼 지역 목사들의 발을 닦아주고, 그들의 용기를 북돋우며, 그들에게 자원을 공급하고, 그들을 섬기는 '종의 리더십' 을 실행하기 위해 높은 지위에서 물러날 필요가 있다. 아이러니컬하게도 이와 같이 스스로 낮아지는 것이 종국에는 더 나은 미래로 도약하는 길이다.

> 이 세상에는 22,000개 이상의 교단이 있다. 당신이 이들 중 올바른 교단에 속해 있다는 것은 행운이 아닌가!
>
> – 아르헨티나 전도자 후안 카를로스 오르티즈 (Juan Carlos Ortiz)[9]

3. 해체구축(Deconstruction) : 중세인들이 "긍정의 길"(*via positiva*)에 반하여 "부정의 길"(*via negativa*)[10] – 부정적인 앎의 방법 – 이라고 불렀던 것에 관해 이야기하는 방식. 이같은 중세적 구분은 포스트모던인들이 모던 이전의 사람들에게 배울 것이 있다는 것을 상기시켜준다.

해체구축은 새로운 방법으로 재결합시키기 위해 이미 독특한 의미를 획득했던 것을 해체하는 것이다. 그것은 새로운 통찰력을 발견하고 과거의 계시를 교정하기 위하여 이미 알고 있는 본문과 이미지와 경험에 대한 해석을 풀어헤치고 불안정하게 만드는 것을 뜻한다.[11] 틀에서 벗어나기 위해 우리는 간접적 수단과 우회로가 필요하다. ['해체구축'(Deconstruction) 참조]

오늘날 기독교 지도자들은 심각한 권한이양, 집중배제, 해체구축에 직면해 있기 때문에 많은 경우, 자신들이 해오던 방식을 고수하고, 포스트모던 사역은 자녀들과 후손들에게 위임할 것이다. 그 자녀들과 손자들은 그들의 선조에게 완전히 실망할 것이다. 왜냐하면 자녀와 손자들이 예수님은 사랑할지라도, 그들이 물려받은 조직과 교단은 아마 덜 사랑할 것이기 때문이다.

만약 당신의 교단이나 지역교회의 권한이 당신의 자녀들이나 손자들에 의해 양도되고, 분산되고, 해체된다면 어떻겠는가? 만약 당신의 자녀들과 손자들이 충분히 용기 있는 사람이라면, 당신에게 조직이 무너지고 있다는 것을 직접 보여줄 것이고, 아니면 그 조직을 떠날 것이다.

D

* '루게릭병'을 가진 물리학자 스티븐 호킹(Stephen Hawking)부터 시각장애인 가수 스티비 원더(Stevie Wonder)에 이르기까지, 가장 위대하고도 예술적이며 지적인 업적을 달성할 수 있는 사람들.[12)]

장애가 있는 사람들의 비율은 45~54세에서는 23%, 55~59세에서는 37%이다. 59세 이상에서 심각한 장애가 있는 사람의 인구 비율은 25%이다. 이 수치는 만약 당신이 지금 장애자가 아니라고 생각한다 해도 몇 년 후에는 장애를 가질 수 있다는 것을 암시한다.

기술적이며 지적인 성취에 가장 "장애가 있는" 사람이 때때로 인간적이며 영적인 성취, 사랑, 기쁨, 평화, 절제, 자비, 희망, 신뢰와 같은 것에 더욱 유능하다.

한편 "Disabled"는 인간의 상태를 일컫는 말이기도 하다. 인간의 삶 속에서 하나님께서 가장 위대한 일을 하기 원하는 곳을 일컫는 말이다. 만약 당신의 영적 은사가 무엇인지를 알고 있다면, 당신은 어떤 면에서 가장 강하고, 어떤 면에서 어려움 없이 기여할 수 있는지를 안다. 만약 당신의 영적 연약함과 장애를 안다면, 당신이 어떠한 면에서 초자연적으로 가장 강할 수 있는지를 알고, 하나님의 권세와 강함이 어디에서 가장 잘 드러날 것인지를 아는 것이다. 우리 약함의 그늘 안에 우리의 강함이 있으며, 우리 강함의 그늘 안에 우리의 약함이 있다. 예수님의 제자들은 상처 입은 곳에서 가장 강하다.[13]

포스트모던 크리스천들은 자신들도 어떤 형태로든 장애인이라는 전제로부터 시작하여야만 한다. 실제로 '장애' 라는 용어는 억압적인 모던시대의 관념을 강화시키는 역할을 한다. '평범한 사람이 가지는 능력' 에 못 미친다는 말은 필리스 맥긴리(Phyllis McGinley)가 그녀의 시 "다양함을 찬양하며"(In Praise of Diversity)에서 말한 것처럼, "상상 속에서만 존재하는 규범"에 다다르지 못한다고 의기소침하게 되는 것과 같다고 할 수 있다.[14]

EPIC 활동

Disabled
장애

휠체어 하나(또는 두 대)를 빌려라. 그리고 휠체어에 앉는 역할을 할 사람과 함께 조를 구성하여 대중행사에 참여하라. 대중행사는 야구경기, 놀이공원, 미술관, 백화점이나 상가, 음악회, 목회자들의 회의 등이 될 수 있다.
행사 후 그 경험에 대해 숙고해보라. 장애자 역할을 한 사람에게 그 경험이 본인에게 어떤 느낌, 생각, 경험, 깨달음을 갖게 하였는지를 묻고 그것을 다른 사람과 나누도록 하라. 함께 참여했던 사람들에게도 동일한 질문을 던져보라. 그리고 아래의 질문을 가지고 토론하라.

- 우리는 사역을 하면서 장애가 있는 사람을 어떻게 취급하는가? 우리는 장애에 대해 어떤 편의를 제공하는가? 우리는 어떤 장애에 대해 거부감을 갖는가?

- 사람들이 "보통 이하"의 취급으로 느끼는 것은 무엇인가? 다른 사람들과 그 느낌을 비교해보라. 우리 자신은 각각 어떻게 장애를 느끼는가?

- 이러한 장애로부터 나오는 영적 유익은 무엇인가?

D

D is for Disciplines
제자훈련

* 성령이 머무르는 곳이 되게 하는 습관. 포스트모던인들은 종종 “제자훈련”(discipline)이라는 말보다는 “영성훈련”(기도, 금식, 성경공부)이라는 언어를 더 선호한다.

> 종교 혹은 다른 어떤 것에 관한 가장 흥미 있는 대화는 사람들이 다른 사람에게서 배우려고 노력하거나 그들의 불일치를 이해하려고 노력하는 동안에 동의하지 않은 사람들이나 그들 자신의 의견을 기꺼이 변호하는 사람들 사이에서 발생한다.
>
> – 윌리엄 플래처16)

용어가 무엇이든지 간에 강조해야 할 점은 기독교가 단순한 지적 신앙체계라기보다는 삶의 방식으로 이해되어야 한다는 것이다.[15)] ['행함 있는 믿음'(Be-living)/ '길'([the] Way) 참조] 건강을 위해 일주일에 세 번, 하루에 30분씩 에어로빅을 하는 것이 필요하다. 우박이 오고, 진눈깨비가 내리고, 홍수가 닥치는 것 같은 역경 속에서도 믿음으로 훈련하면 일 년 이상 생명을 연장시킬 수 있을 것이다. 훈련을 통해 완전하게 된다. ['거룩'(Holiness) 참조]

D is for Discourse
의견교환

* 대화 : 개종 대신에 중요하게 여겨야 하는 것. 왜냐하면 개종을 '시키려고' 하면 개종되지 않을 것이기 때문이다. 그러나 상대방을 존중하며 부드럽게 의견교환에 참여한다면 개종은 자연스럽게 일어날 것이다.

* 모던시대의 토론, 논쟁 그리고 신학을 대체하는 것. 공개토론회는 수업을 대체한다. 지난 15년간 있었던 라디오 방송 좌담 프로그램의 놀라운 성장을 보라.[17)]

기독교인에게 가장 중요한 대화의 파트너는 성경이다. 그러나 또한 다양한 해석 공동체들이 있으며, 지난 2000년간 존속해온 가장 권위적인 신앙 공동체가 있다. 물론 지금도 살아 계시는 그리스도께서 대화의 테이블의 머리 부분에 계신다. 그리스도께서는 항상 새로운 것을 알고 계신다. (물론 다른 종교도 우리의 대화 상대이다.)

포스트모던인들은 대화 중 그들 스스로가 말하는 것을 들으면서 자신들의 생각을 알아차린다. 사고는 집단적인 과정이며 진리는 가능한 한 많은 각도에서 들어오는 정보들을 가지고 토론하고 대화를 주고받음으로써 드러난다. 대화 시 어떤 한 사람이 말한 것을 인용하지 말라. 왜냐하면 인용할 부분은 전체의 대화이기 때문이다.

모던인들과 포스트모던인들은 서로에게 '대화의 상대'가 될 필요가 있고, 상대방의 이야기를 '듣는' 자세를 가져야 한다. 모던인과 포스트모던인

사이의 대부분의 대화는 성층권의 궤도를 도는 것처럼 추상적으로 겉돌아 왔다. (함께 토론하지 않고 일방적으로 이야기하는 모던인들의 대화를 보려면 텔레비전 토론프로그램 "크로스파이어"서로의 일방적 주장을 동시에 이야기하는 CNN의 프로그램-역자주 를 보라.) 모던인들이 대화할 때에는 '미란다의 법칙'(Miranda rule)이 적용된다. 당신이 이야기하는 것은 무엇이든지 당신을 대항하여 사용될 수 있고 그렇게 사용될 것이다. 반면에 포스트모던인들이 의견을 말할 때에는 어떤 참여자도 비난을 받지 않는다.

의견교환이 "다언어적"(poly-lingual)이고, 문화적이고, 음악적이며, 신학적이고, 전통적인 것이 되어야 할 필요는 포스트모던인들보다는 모던인들에게 더욱 해당된다. 왜 그럴까?

1. 포스트모던인들은 이미 다언어적인 의견교환에 잘 훈련되어 있기 때문이다. 그것은 그들의 정신적인 주거환경에 깊이 배어든 습관이다.
2. 권위에 대한 역할과 규정이 바뀌었기 때문이다. 어린이들은 이제 부모를 가르치고 있다.[18] 어른들은 더 이상 모든 해답을 가지고 있지 않다. 부모-자녀의 관계는 권위와 복종보다는 오히려 대화와 이야기를 통해서 다시 이루어진다.

> 역사상 처음으로 세상을 움직일 수 있는 기술을 어린이가 갖게 되었다.
>
> – 퀸랜드의 교육전문가 데일 스펜더(Dale Spender)[19]

예수님께서는 "어린이에게 배우라"(막 10:13-16)라고 직설적으로 말씀하셨다.

16세기와 17세기의 교리적 논쟁이 비록 알기 어렵고 혐오감을 줄지라도, 그 논쟁이 정규 교육을 받지 못한 평범한 사람들에게 이야깃거리였고 일상대화의 일부였다는 사실은 놀라운 일이다. 신학은 엘리트들만의 것이 아니라 보통 사람들의 일용양식과 같은 것이었다. 1960년부터 1990년까지, 신학교육이 대부분의 교회에서 사라진 문화에서 자라난 오늘날의 제자들과 비교해 보라.

목사, 교사, 청년부 지도자, 전도자, 이웃, 그리고 포스트모던 사역에 종사하는 사람들을 향한 경고 : 당신은 이번 주에 얼마나 자주 대화를 했는가? 당신의 교회는 모든 구성원들이 대화에 참여하는 신학자가 되도록 돕고 있는가? 당신의 일상적 의견교환은 공유되고 있는가? 당신은 토론회와 공개토론회를 후원하는가?

새롭게 출현하는 문화 속에서 어떤 것을 만나든지 그것은 모두 정반대의 것이 되어버린다. 그러나 그것들은 이분법적인 실재도, 사기성이 있는 실재도 아니다. 그것들은 복제된 실재이다. 상반되는 것들은 이제 모순되지 않으면서 동시에 발생한다. 사실상 양극성은 매력이 있다. 당신이 양극단을 추구할 때 무언가 흥미로운 것을 발견하게 될 것이다.

대니 힐리즈(Danny Hillis)는 세상에서 가장 빠른 컴퓨터(연결 기계,

> 나는 믿음을 가지고 있지 않다. 그러나 나는 내가 걸어 다니는 모순이라는 것을 믿는다.
>
> – 그린 데이의 "걸어 다니는 모순"으로부터[20]

"Connection Machine")를 설계하였다. 대니 힐리즈는 또한 세상에서 가장 느린 컴퓨터(만년 시계, "10,000-Year Clock")를 설계하였다. 포스트모던인들은 항상 종을 두 번 울린다.

모든 성육화 된 사역은 이중 고리를 구현한다. 곧 복음과 문화, 말씀과 세상 사이에 상호 교환을 구현한다.[21]

"둘 모두"(both–and)의 문화와 점차적으로 증가하는 "그리고 또한"(and–also)의 문화에 자리를 내어주었던 모던시대의 양자택일(either–or)의 문화에 대해 이야기하는 다른 방법.

> 나는 완전한 신비주의자이며 완전한 이성주의자이다.
> 나는 완전한 진리를 추구하는 미치광이이지만 혼돈을 포용한다.
> 나는 급진적이지만 절대적인 균형을 유지한다.
> 나는 인간적으로 겸손하고 영적으로 대담하다.
> 나는 예수님의 사람이지만 기독교를 싫어한다.
>
> – 포스트모던 지도자 토니 브릭스톡의 이메일[22]

우리는 '하이테크/하이터치(high-tech/high-touch)를 말한 존 나이스빗(John Naisbitt)과 다음과 같이 말한 로버트 노직(Robert Nozick)의 말에 동의한다. "우리가 가상세계에서 시간을 보내면 보낼수록 실재에 대한 갈증은 더욱 커진다." 또한 노직은 "우리는 우리 자신을 단순히 행복한 경험으로 가득 채워질 양동이로 보는 것을 거절한다."라고 말하였다.[23]

이중 고리를 상징할 수 있는 것은 무엇인가? 뫼비우스의 띠, 클라인의 항아리, 감탄의문부호(의문부호와 감탄부호의 결합) 등이다.

나를 비난하지 말라. 나는 그들 둘 다에게 찬성 투표하였다.

– 2000년 대통령 선거 후 플로리다 주 한 차량의 범퍼 스티커

예수님의 탄생과 생애와 죽음과 부활은 이중 고리 안에서 다시 의미를 가진다. 예수님은 땅과 동물들과 가깝게 있었고 소박한 목자들과 함께 계셨으며 가난하게 태어나셨다. 그러나 예수님은 천사들의 호위를 받으셨으며, 왕에게 드리는 선물을 가져온 동방박사들의 경배를 받으셨다. 예수님은 이중 고리 신학과 "둘 모두"(both-and)의 제자도를 가르치셨다("가이사의 것은 가이사에게, 하나님의 것은 하나님께 바치라." "뱀같이 지혜롭고 비둘기같이 순결하라" 등). 우리에게 알려진 가장 위대한 이중 고리의 문서는 산상수훈이며, 그 중에서도 특히 팔복강화이다. 하늘에 대한 예수님의 개념은 하늘에 대한 히브리인의 개념을 잘 묘사하고 있다. 하늘에 대한 히브리인의 개념은 이중 고리에 기반을 둔 것이다.[24] 상반된 것들을 연합시키는 이중 고리의 가장 위대한 상징은 무엇인가? 그것은 하늘과 땅 사이에 다리를 놓고 사각형과 원의 중심이 되는 십자가이다.

정통은 역설적인 것이다. 하나/셋; 초월/임재; 인간/신; 성자/죄인; 현현/비밀; 승천/임재. ['역설'(Paradox) 참조] 예수님의 죽음은 그분의 탄생 시에 내재해 있었다. 예수님의 탄생 때에 그분을 싼 천은 그분이 죽었을 때 그분을 둘러싼 천을 상기시킨다. 예수님은 영적으로 우리 모두에게 가까워지시기 위해 육체적인 죽음을 택하셨다.

양 극단이 서로 짝을 이룬다는 사실을 알게 될 때에 성경의 진리를 깨닫게 된다(시편 85:10). 또 전도서 7장 18절 말씀을 보라. "너는 이것을 잡으며 저것을 놓지 마는 것이 좋으니 하나님을 경외하는 자는 이 모든 일에서 벗어날 것임이니라."[25]

그러나 궁극적인 “둘 모두”(both-and)는 “둘 모두”(Both-And)와 “양자택일”(Either-Or)을 모두 포함하는 것이다. 여기에 몇 가지 양자택일의 예가 있다.

“오늘날 너희가 섬길 자를 택하라.”

하나님 혹은 돈을 선택하라.
생명 혹은 죽음을 선택하라.
천국 혹은 지옥을 선택하라.

D

1. Katherine Kurs, "Voices of a New America," *Spirituality and Health* (Spring 2001), 30에서 재인용.
2. Loren Mead, *Once and Future Church: Reinventing the Congregation for a New Mission Frontier* (Washington, DC: Alban Institute, 1991); Leonard Sweet, *11 Genetic Gateways to Spiritual Awakening* (Nashville: Abingdon, 1998).
3. "봉사자 전도"에 대해 더 알고자 하면 다음을 보라. Steve Sjogren, *101 Ways to Reach Your Community* (Colorado Springs: NavPress, 2001).
4. 이 주장은 다음 책에서 발견된다. Mark A. Olson, *Moving Beyond Church Growth: An Alternative Vision for Congregations* (Minneapolis: Augsburg Fortress, 2001).
5. 참고. *www.groove.net*. 2002년 5월 17일 접속.
6. 관리모형으로 공유된 권위, 팀전략, 청지기 정신을 기초로 한, 위계구조가 아닌 기능적 구조에 대한 훌륭한 예는 다음에서 볼 수 있다. Peter Block, *Stewardship: Choosing Service over Self-Interest* (San Francisco: Berrett-Koehler, 1993).
7. 물론 어떤 여성학자들이 계몽주의를 언급하면서 뉴튼의 *Principia*는 "강간 안내서"라고 묘사했고, 다른 이들은 과학은 "여성을 공격하는 것"이라고 반대했다. 왜냐하면 이러한 "수직적"이고 "남성본위"의 사고방식은 구식의 과학적 방법을 보존해 왔기 때문이었다. 참고. Gertrude Himmelfarb, "A Sentimental Priesthood--*Who Stole Feminism? How Women Have Betrayed Women* by Christine Hoff Sommers," *TLS: Times Literary Supplement* (11 November 1994), 20.
8. 참고. Hayek의 1976년 오스트리아와 뉴질랜드 경제학회의 Canberra 지부에

서 행한 연설 "Socialism and Science," *The Essence of Hayek,* ed. Chiaki Nishiyana and Kurt R. Leube (Stanford, CA: Hoover Institution Press, 1984), 115-27.

9. Wolfgang Simson, *Houses That Change the World: The Return of the House Churches* (Waynesboro, GA: OM Publishing, 2001), 10에서 재인용.
10. Ilse Nina Bulhof and Laurens ten Kate, eds, *Flight of the Gods: Philosophical Perspectives on Negative Theology* (New York Fordham University Press, 2000).
11. 참고. David W. Odell-Scott, "Deconstruction," in A. K. M. Adam, ed., *Handbook of Postmodern Biblical Interpretation* (St. Louis: Chalice Press, 2000), 55-61.
12. 1962년 대학원에 다니는 동안 근육위축성 측면 경화증(루게릭병)에 걸린 스티븐 호킹은 캠브리지 대학(Cambridge University)의 곤빌과 카이우스 대학(Gonville and Caius College)의 교수가 되었다. 이 대학은 역사적으로 장애 학생을 입학시키지 않았었다. 지금 호킹은 1분에 15단어를 합성할 수 있는, 머리와 눈의 움직임으로 작동하는 컴퓨터로 글을 쓰고 의사소통을 하고 있다.
13. 참고. Leonard Sweet, *Strong in the Broken Places: A Theological Reverie on the Ministry of George Everett Ross* (Akron: University of Akron Press, 1995).
14. 참고. Phyllis McGinley, "In Praise of Diversity," in *The Love Letters of Phyllis McGinley* (New York: Viking, 1954), 14.
15. 기독교적 "세계관"(world-view)이 아니라 "세상을 사는 방식"(world-life)에 관해 알고자 하면 다음을 보라. Leonard Sweet, *SoulSalsa: 17 Surprising Steps for Godly Living in the 21st Century* (Grand Rapids: Zondervan, 2000). 테크놀로지의 영성에 대해서는 다음을 보라. William John Fitzgerald, *Blessings for the Fast Paced and Cyberspaced: Parables, Reflections, and Prayers* (Leavenworth, KS: Forest of Peace, 2000).
16. William Placher, *Unapologetic Theology: A Christian Voice in a Pluralistic Conversation* (Louisville: Westminster John Knox, 1989), 144.
17. 1990년대 첫 5년간 대담 프로그램을 내보내는 라디오 방송은 308개에서

1028개로 늘어났다.

18. Douglas Rushkoff, *Playing the Future: How Kid Culture Can Teach Us to Thrive in an Age of Chaos* (New York: HarperCollins, 1996).
19. Diana Bagnall in "Born to Be Wired," *The Bulletin* Sydney, NSW, Australia (15 August 2000), 25에서 재인용.
20. "Walking Contradiction," Green Day, *Insomniac, www.angelfire.com/biz3/foo/lyrics/insomniac.html.* 2001년 5월 3일 접속.
21. David G. Bosch, *Transforming Mission: Paradigm Shifts in Theology of Mission* (Maryknoll, NY: Orbis Books 1991), 454. 보쉬는 "문화화는 기독교의 문화와 문화의 기독교화가 동시에 일어나는 이중적 운동이다. 복음은 어떤 시점에 문화적 현상이 될 때까지 복음으로 남아 있어야 한다."라고 하였다. 20세기 후반 또 하나의 선교학 분야의 고전은 Andrew Walls, *The Missionary Movement in Christian History: Studies in the Transmission of Faith* (Maryknoll, NY: Orbis, 1996).
22. 브리스톡(Tony Brigstock)에 관해 더 알고자 하면 다음을 참조하라. *www.christiancitychurch.com; www.globaltribe.com; www.christiancitychurch.org.*
23. Richard De Grandpre는 이중고리의 개념을 받아들이지 않는다. 그는 우리에게 남겨질 것은 "자연이 고갈된 세상이며 모든 것이 곧 가상의 기계일 것이다."라고 예언했다. 참고. Richard De Grandpre, *Digitopia: The Look of the New Digital You* (New York: Random House, 2001), 4. *www.AtRandom.com.*
24. '하늘'을 뜻하는 히브리어 '샤마임'(*shamayim*)은 불과 물의 혼합어이다. 창세기 내용이 담겨 있는 미드라쉬 랍바에 보면 '샤마임'은 '*esh*'(불)와 '*mayim*'(물)의 합성으로 이루어져 있다. H. Freedman and Maurice Simon, ed. and trans., *Midrash Rabba* 3d ed., vol. 1 (New York: Soncino Press, 1983), 32.
25. NIV 난하주에 보면 "모든 극단을 피하라."라고 적혀 있다.
26. Augustine, *The Confessions*, ed. John E. Rotelle, trans. Maria Boulding (Hyde Park, NY: New City Press, 1997), 41.

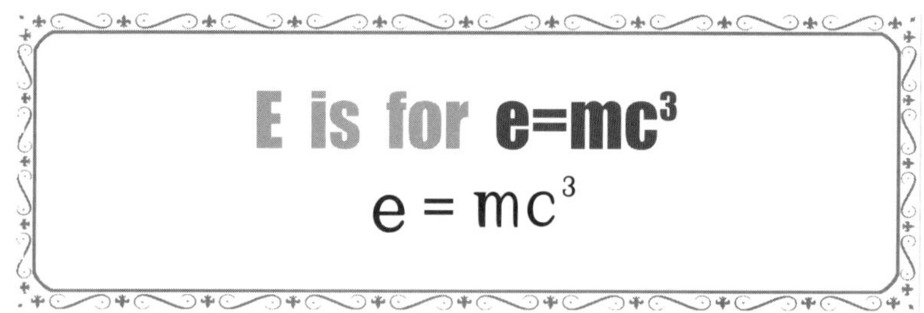

앨버트 아인슈타인(Albert Einstein)에 의하면 우주의 많은 신비를 밝혀내는 공식은 $e=mc^2$이다. E는 에너지이고, M은 질량이다. C제곱은 상수이며, 빛의 속도이다. 상수가 현재일 때, 에너지와 질량(영과 물질)은 동일한 것에 관하여 이야기하는 다른 방식이 된다.

영적 세계의 많은 신비를 밝혀주는 공식은 $e=mc^3$이다. E는 영적인 깨달음의 에너지와 같다.[1)] M은 지혜로 된 말씀과 세상에 관한 지식의 질량밀도와 같다. C의 세제곱은 삼차원(신뢰하는 믿음의 깊이, 연결성의 높이, 사명의 넓이)으로 승격하는 J-인자의 상수이다. ['J-인자'(J-Factor) 참조] 기독교 역사 안의 모든 영적인 깨달음은 이 영적인 공식의 전개과정이었다.

교회의 목회는 더 많은 두뇌와 더 많은 등뼈와 더 많은 근육과 신경 에너지를 필요로 한다.

E is for Economics 경제

중심 권력의 패러다임으로 경제의 원칙이 정치의 원칙을 대체해 버렸다.

모던시대 이전에, 종교적인 지레(lever)들은 권력의 메커니즘을 통제하였다. "절대 권력"[2]에 관한 로드 액톤(Lord Acton)의 유명한 비평은 정치인에 관한 것이 아니라 종교개혁 당시 교황들에 관한 것이다.

모던 세계에서, 정치적인 지레들은 세상을 지배하는 지레받침이다. 이것은 얼마나 깊이 정치가 몰락하였나를 알게 해 준다. 다이애나(Diana) 왕세자비가 파리에서 사망했을 때, 세계 3대 텔레비전 방송망은 그곳에 특파원을 두지 않았다. '외국 특파원' 파견단은 이처럼 줄었지만, 대신 경제 관련 특파원들의 숫자는 전례 없는 기록으로 증가하였다.

경제에 의하여 통치되는 이 포스트모던 세계에서, 최소한 서구사회에서, 소비자의 존재는 이제 시민의 존재보다 더 우선한다. 우리는 정치적인 '구원자' 를 찾는 대신에 경제적 구원자를 찾고 있으며, 최근 이십 년 동안만 해도 다양한 경제적 구원자가 나타났다가 사라졌다. 일본의 총체적품질관리(TQM), 유럽의 사회모형, 아시아의 기적, 인터넷 등이 그것이다. 미국식 마지막 '구원자' 는 이제 굽어진 길에서 회전하여 시야에서 사라지는 중이다.

현재의 예측이 정확하다면 2025년에 이르면 세계의 도시들은 인구의

> 기업들은 이제 세계무대에서 주된 배우이고, 세계 시장은 미국 경제의 핵심 운영자이다.
> 냉전의 종료와 더불어 우리는 주도권이 초강대국에서 슈퍼마켓으로 이동하는 것을 목격하였다. 오늘날 독창성은 자본보다는 기업으로부터 나온다.
> 실제로 새로운 지휘 사령관(Commanding General)은 제너럴 일렉트릭(General Electric), 제너럴 모터스(General Motors), 제너럴 밀즈(General Mills), 제너럴 다이나믹스(General Dynamics) 같은 회사이다.
>
> – 워싱턴 대학 교수 머레이 바이덴바움[3)]

60%를 수용할 것이다.[4)] 포스트모던인들은 단순한 도시가 아니라, 신(新)지구이며 잘 운영되는 경제의 바탕 위에 세워진 다핵의 정치적 중심도시인 후기도시국가로 이동할 것이다. 우리 생활 속에서 영역을 확장해가는 회사의 역할은 사소한 이야기이다. 더 중요한 이야기는 회사와 같은 실체가 제1의 정치적 실체로서 국가를 대체한다는 것이다. 정치적이 아닌 경제적인 세계 단일체가 출현하는 중이다.

지금은 교회가 경제적 석기 시대로부터 새롭게 태어나야 할 때이다. 글로벌 경제 실체로서 자신을 생각하기 시작해야 할 때이다. 몇 남지 않은 마르크스주의자들까지도 시장제도를 피할 수 없음을 받아들이고 있다. 그러나 누가 그 시장제도의 형태와 종류를 정의하는가? 시장 기능의 한계는 사회과 개인을 보호하기 위해 제한되어야 할 것인가?[5)]

이제 또한 교회가 그 구성원에게 경제적 정체성에 관해 대답하도록 해야 할 때이다. 당신들은 소비자인가? 당신들은 시민인가? 당신들은 기독교인인가?

만약 당신이 소비자라면, 당신의 경제학은 "이것이 당신에게 최선의 거래인가?"라는 질문에 초점을 맞춘다. 만약 당신이 시민이라면, 당신의 경제학은 "이것이 국가를 위해 최선인가?"라는 질문에 초점을 맞춘다. 만약 당신이 기독교인이라면, 당신의 경제학은 "그리스도께서 내가 이것을 하도록 부르고 계신가?"라는 질문에 초점을 맞춰야 한다.

E is for Emergence 발생

* 전체는 부분들의 합보다 더 클 수 있다는 방식에 민감한 과학에 대한 접근법. 예를 들면, 개미의 사회는 한 마리의 개미가 소유할 수 없는 지식을 소유하고 전달한다. 꿀벌 사회, 끈적끈적한 곰팡이 서식지, 그리고 인간의 도시도 마찬가지이다.[6]

E

자기조직 체계의 여섯 가지 기능이 있다.

1. 자기 번식
2. 자기 양육
3. 자기 교육
4. 자체 통치
5. 자체 치료
6. 자체 실현

'동요'가 일어나면 자기조직 체계는 심하게 흔들리며 재배열되기 시작한다. 새로운 연결이 이루어지고 새로운 생물과 환경의 종합체['홀라키'(Holarchy) 참조]가 나타난다. 그러나 이것은 단지 그 체계 안에서 지식의 공유가 최대화될 때 발생한다. 공개된 정보는 긍정적인 에너지를 발생시킨다.

발생은 중요한 두 개의 핵심 요소를 가지고 있다.

1. "시간이 지나면서 알게 된다." (이것은 모던 세계에서 언제나 사실이었지만, 비밀로 지켜졌다.)
2. "전체는 부분의 합보다 크다."[7]

마찬가지로, 물은 산소와 수소가 합성된 기체와 아주 다르다. 그래서 체제는 자신의 구성요소와 다른 발생의 성질과 특성을 지닌다.[8] 인터넷과 웹도 발생 실체이며[9], 그리스도의 몸으로서의 교회도 동일하다.

* "진화론적"으로 이해되지 않는 인간이 어떻게 자기희생과 이타주의적 행동을 하는지 설명하는 포스트모던적 방식 : 사랑과 선행은 생존을 위한 이기적인 경쟁과 사악한 투쟁의 혼돈으로부터 나타난다.

* 과학 대 성서, 창조 대 진화의 전쟁으로부터 나온 포스트모던의 한 가지 방법. 발생이론은 다양성과 복잡성에 초점을 맞춘 지적 설계에 대한 최근과 옛날의 논증들을 진화(자연 도태와 화석 유물) 단계와, 지적이며 영적인 하부구조 안으로 통합한다.[10] 이러한 관점에서 창조의 장점은 더 많은 장점이 나타날 수 있도록 새로운 가능성을 만들어내는 고유한 잠재력이다.

발생은 세상에 관한 신앙 우호적인 관점이며, 이 관점으로 인해 프로이트주의자(Freudian), 다윈주의자(Darwinian), 마르크스주의자(Marxist)처럼 모던 세계를 설명하려고 했던 환원론자들은 물러나게 된다.

E is for Entropy
동일성

모든 유기체는 열역학 제2법칙에 따라 새로운 생명의 공급과 에너지의 새로운 원천이 없으면 소멸한다. 창조는 새로운 형태와 생명력을 향하여 질주 중이던지, 무정형과 무질서 안으로 다시 미끄러져 들어가던지 둘 중 하나이다. 창조는 새로운 생명의 호흡이 없으면 혼돈으로 돌아간다. 만약 당신의 몸을 씻지 않는다면 몸은 썩게 되고 기능이 나빠질 것이다. 만약 당신이 이를 닦지 않는다면 당신의 이는 빠질 것이다. 만약 교회를 포함하여 어떤 것이 다시 활성화되지 않거나 다시 호흡하지 않는다면 그것은 죽을 것이다.

- **타성 :** "무엇이든 오기까지 버티는" 정신구조. 믿음의 부족을 표현하는 다른 명칭. 타성과 항상성에는 차이가 있다. 타성은 정체와 안전이고, 항상성은 보이지 않는 진행이며 균형이다.
- **나태 :** 새로움이 없는 것. 새로 시작하는 에너지의 부족과 변화를 위한 개방 에너지의 부족에 대한 간단한 표현.
- **COD :** "변화 혹은 죽음"(Change or Die)의 간단한 표현. '죽음'에 대한 의학적 정의 중 하나는 '재생하지 않는 몸'이다. 항상 생명을 재생하지 않고 새로운

> 나는 전적으로 진보를 찬성한다. 내가 싫어하는 것은 변화이다.
> – 마크 트웨인(Mark Twain)

E

호흡을 하지 않는 몸은 죽은 몸이다.

· **교회** : 흔히 죽음을 맞이하기 안락한 장소인 호스피스에 해당하는 곳이며, 목사들은 권태와 활력이 말라버린 관료식의 예전과 동일성에 의하여 압도되었으며, 교회는 그런 목사들에 의해 관장된다.

기독교 지도자들은 자신과 자신들이 이끌고 있는 조직에 관하여 몇 개의 중요한 질문을 해야만 한다. 무엇이 동일성을 극복하는가? 무엇이 우리를 새롭게 하는가? 무엇이 우리를 다시 활기차게 하는가? 무엇이 우리를 고갈시키는가? 무엇이 우리가 포기하는 것같이 느끼도록 하는가?

많은 충실한 기독교 지도자들이 '목회' 라는 용어 안에서 무심코 자살행위를 하고 있다. 새롭게 하고 활기차게 하며 다시 원기를 북돋는 활동에 대해, 자신은 그것을 행할 자격이나 여유가 없다고 생각하거나, 더 나아가 그런 활동을 터무니없는 사치품으로 여기며 미루기 때문에, 그들은 매일 자신들을 고갈시키고 의기소침케 하며 좌절케 하는 일들 앞에서 무거운 걸음을 걷고 있다. 그들은 안식일과 축제와 노래하기와 축하를 하나님의 명령이라기보다는 오히려 악마의 생각인 것처럼 여긴다. 그러나 실제 상황은 그 반대이다. 그들에게는 재충전을 할 여유와 이유가 있다.

하나님께서 혹시 당신에게 순교를 명령하실지라도 스스로 죽음을 초래하는 목회로 이끌지는 않으신다. 현명한 지도자는 동일성을 가능한 빨리 저지하고 치료하는 행동을 한다. 그리고 치료하는 행동은 - 만찬회를 열거나, 축제의 주인 역할을 하거나, 휴가를 선언하거나, 안식일 행사를 예정하거나, 기운을 고갈시키는 위원회를 중지시키거나, 필요 없는 회의를 취소시키는 행동이든지 간에 - 아마도 대단히 흥미 있는 사건으로 느껴질 것이다.

죄의식을 느끼지 말라. 즐거움은 동일성을 이긴다.

E is for EPICtivity
EPIC 성향

모든 활동이 EPIC 성향(EPICtivity)[11]을 갖도록 하라.

[‘경험’(Experiential), ‘참여적’(Participatory), ‘이미지 풍요’(Image-Rich), ‘상호연결’(Connectivity) 참조]

여기에 당신이 시도할 수 있는 몇 가지 EPIC 활동이 있다.

- 내년도 지도력 훈련을 시작할 때 EPIC 성향을 사용하는 것.
- 몇 가지 EPIC 성향을 가지고 수련회를 열어보는 것.
- 소모임에서 EPIC 성향을 사용하는 것.
- 목회자들을 초대하여 EPIC 성향을 시험해 보는 것.

기억하라! 놀라움의 요소[‘귀추적 방법’(Abductive Method) 참조]는 EPIC 성향이 성공하기 위해 필수적인 사항이다. 사람들을 EPIC 성향으로 인도하기 전에 활동의 목표에 관한 설명을 하지 말라. 긴장감을 조성하라. EPIC 성향이 발전되면서 필요한 명확성이 드러날 것을 신뢰하라. 만약 실수를 한다면 최소한의 설명으로 넘어가라.

이것들은 단지 시작일 뿐이다. 경험이 쌓인 후에는 EPIC 성향을 위한 당신 자신의 아이디어를 갖게 될 것이다. 바로 이때가 정말로 즐거움이 시작되는 때이다.

EPIC 활동

EPICtivity
EPIC 성향

1. 아래의 기준으로 다음 웹사이트를 방문하고 평가해 보라.

- 그 사이트에 대한 경험이 어떠했나? 그 사이트는 몇 가지의 감각을 사용하도록 하였는가? 당신은 이 경험을 반복하길 원하는가?
- 그 웹사이트에 어떻게 참여할 수 있었는가? 그 웹사이트는 당신의 참여를 유도하였는가?
- 그 웹사이트는 어떤 이미지들을 채택하였는가? 그 이미지들은 당신에게 무엇을 전달하였는가? 사용되었을 만한 다른 이미지들을 생각해볼 수 있는가?

웹사이트를 살펴보는 것은 보통 격리되고 개인적인 경험이다. 이러한 웹사이트들이 어떻게 당신을 공동체로 이끌기 위해 사용되어질 수 있는가? 당신은 그 사이트 뒤에 있는 사람들과 상호작용을 할 수 있는가? 또는 그 사이트를 방문한 사람들과 상호작용을 할 수 있는가?

www.ginghamsburg.org
www.geocities.com/gacbloomington/
www.ststephen-stow.com
www.holycrossnj.org
www.vurch.com
www.wuzzupGod.com
www.emergentvillage.com

2. P는 참여를 의미한다! "누가 백만장자가 되길 원하는가?"Who Wants To Be A Millionaire: 시청률이 70%대까지 상회했던 미국 ABC TV의 인기 퀴즈프로그램. 첫 문제를 맞히면 상금 100불을 주고 이후 하나의 문제를 더 맞힐 때마다 상금이 배가 됨. 문제의 답을 모를 경우, 친구에게 전화를

하거나 방청석의 관람객에게도 물을 수 있어 방청객이나 시청자의 관심과 참여를 유도함나 이와 유사한 텔레비전 게임쇼를 보라. 또한 어린아이에게 수십 장의 포켓몬 카드를 빌리고 그들에게 포켓몬의 모든 것에 대해 설명하도록 해보라.

- 무엇이 인기 정점에 있는 이 두 가지의 엔터테인먼트를 성공시켰다고 생각하는가?
- 무엇이 포켓몬 카드와 다른 수집용 카드를 다르게 만드는가?
- 이 게임쇼는 어느 세대의 마음을 움직이는가?
- 더욱 다세대를 위한 목회로 만들기 위해 어떻게 할 수 있는가?
- 포켓몬 카드와 "누가 백만장자가 되길 원하는가?"와 같이 목회에 더 많은 사람을 참여시키기 위하여 어떻게 할 수 있는가?

3. I는 이미지를 의미한다. 대여섯 군데의 레스토랑에 가서 메뉴판을 모아라(혹은 빌려라). 또한 가능하다면 어린아이들의 메뉴판도 모아라. 모아 온 메뉴판을 비교하라.

- 어느 메뉴판이 이용하기에 가장 쉬운가?
- 어느 메뉴판이 음식을 선택하기에 가장 어려운가?
- 메뉴판 디자인을 위해 당신은 식당들에게 어떤 제안을 하고 싶은가?
- 당신의 목회에서 말 대신에 무엇을 그림으로 표현할 수 있는가?
- 소그룹, 어린이와 청소년 목회, 목적 진술문에 관한 이미지를 만들기 위한 브레인스토밍을 하라.
- 당신의 조직은 레스토랑의 메뉴판에서 무엇을 배울 수 있는가?

E is for Eschaton
종말

* 동일성의 끝.

포스트모던의 기반 위에서, 우리는 원인과 결과의 사슬에 의하여 과거에 속박되는 것 대신에 우리 자신이 하나님의 뜻, 하나님의 꿈, 하나님의 갈망의 자석에 의하여 미래로 당겨지는 것을 느낄 것이다. 이 자석의 "미래를 향한 자연 발생적" 지향(指向)은 원동력(Prime Mover - 제1운동자는 오래 전에 시계를 만들어 태엽을 감았으며, 태엽을 감은 뒤에 경우에 따라 약간의 교정으로 방해받는 것을 제외하고는 시계태엽은 자동적으로 풀려왔다)에 의해 제시된 것처럼 이 세계가 기계적으로 작동된다는 기계론적인 모던적 관점과는 판이하게 틀리다.

이 새로운 통찰은 우주를 부분적으로 창조된 것으로 보며, 끝나지 않은 교향곡이자, 진보 중에 있는 걸작으로 파악한다. 이 종말론 안에서 우리는 우주를 향한 하나님의 꿈이 현실이 되는 것을 보기 위해 - 하나님의 뜻이 하늘에서 이루어진 것처럼 땅 위에서도 이루어지는 것을 보기 위해 - 일하시는 하나님의 창조적인 팀의 일부가 되도록 초대된다. 이 같은 방식으로 하나님과 우리의 관계는 상호작용을 넘어서 협력이 된다. 하나님과 우리의 관계는 단지 우리와 함께 상호 작용하는 하나님의 일 이상이다. 그것은 비록 그 세상이 매우 멀리 있기는 하지만, 하나님의 뜻이 이루어진 세상을 건설할 때, 우리가 창조적인 협력자가 되도록 초대되는 하나님의 일이다.

이 새로운 종말론 안에서, 모던의 도표, 기괴한 예측들(교회사를 알고 있는 사람들에게는 지루한 게임), 그리고 완전히 허구적인 계시적인 소설들은 버려질 것이다.

다가오는 모든 것이 새로운 세계를 향하여 이끌려지는 사람들처럼, 우리는 사라지는 겨울의 썩은 화장수가 아니라 다가오는 봄의 새로운 향기를 퍼뜨리는 사람들이 되어야 한다.

최선의 각본 하나님과 관계를 맺도록 다른 사람을 초대하는 것. 그래서 성령이 그들 안에서 그리스도가 살아 활동할 수 있도록 하며, 초청받은 사람들이 하나님의 충만과 섭리 안에 살 수 있도록 하고, 그들이 하나님의 선교공동체에 참여할 수 있도록 하며, 하나님의 뜻이 점차로 하늘에서 이루어진 것처럼 땅 위에서 이루어질 수 있도록 하는 것.

최악의 각본 교회의 이익을 위해 기독교인이 억지로 꺼리는 사람들에게 자기들의 믿음을 강요하는 것. 왜냐하면 교회는 더 많은 좌석을 채워야 하기 때문이다. 강요된 방법으로 그리고 인위적인 방법으로 복음의 메시지를 사람들에게 전하도록 가르치는 것.

복음전도는 제자를 만드는 과정의 중간 부분을 의미하는 모던시대의 용어이다. 그런데 그 중간 부분은 옛날에 전도하기 전과 '양육' 또는 '제자화' 라 불리던 것 사이에서 일어난다.

사람들에게 다가가는 방법은 변화해왔다. 모던 세계에서는 사람들을 교회에 오도록 하는 복음전도가 사람들을 그리스도께로 인도하는 데 효율적이었다. 반면에 포스트모던 세계에서는 그리스도께 오도록 하는 복음전도가 곧 사람들을 교회에 오도록 하는 것이다. 모던시대의 교회들은 사람들을 끌어들이기 위해 목회를 하고 전략을 고안하였다. 포스트모던 교회들은 성령이 교회의 성도들 안에서 역사하며 그들을 세상으로 내보내도록 목회를 설계한다.[12)]

모던시대의 복음전도는 즉각적 결단을 유도했다. 그러나 새롭게 출현하는 문화 안에서의 복음전도는 긴 시간의 믿음의 여정으로 인도한다. 메노파교도는 이것을 "비폭력적 복음전도"라고 부른다. 복음주의자는 이것을 "관계적 복음전도"라고 부른다. 몇몇 기성교단들은 이것을 "과정 복음전도" 또는 "환대 복음전도"라고 부른다. 다른 사람들은 "후기식민적"(post-colonial), "교차문화적"(cross-cultural), "사용자 우호적"(user-friendly) 복음전도라고 부른다.[13)] 사람들이 그것을 무엇이라고 부르든지 간에 이러한 형태의 복음전도는 몇 개의 핵심 전제 위에 근거한다.

1. 신뢰 : 모던시대의 복음전도는 우리가 "보여주고 말하기" 전략과 영적인 법칙들을 통하여 예수님을 사람들에게 전해준다는 생각에 의해 지배되어왔다. 하지만 우리가 예수님을 다른 사람에게 전달해주는 사람이라는 생각은 교만한 것이라고 할 수 있다. 예수님은 이미 거기에 계셨기 때문이

다. 우리가 예수님을 데려가기 오래 전부터, 예수님이 이미 그 사람들의 생활과 접촉해 오셨음을 신뢰해야 한다.

2. 관계 : 만약 모든 종류의 사람들을 가치 있게 생각하지 않고, 평가하지 않으며, 그들과 관계 맺지 않는다면 우리는 그들을 객체로 보는 것이며, 예수님께서 사랑하시고 죽기까지 하신 그들을 주체로 여기지 않는 것이다. 예수님의 제자로서 물어야 할 첫 번째 질문은 '나는 하나님 그리고 다른 사람들과 관계를 맺으면서 성장하고 있는가?' 이다.

3. 듣기와 배우기 : 우리의 첫 번째 임무는 무엇을 이야기하는 것이 아니라 예수님이 이미 한 개인의 삶 속에서 말씀하시는 것을 듣고 배우는 것, 그분의 이야기에 귀를 기울이는 것이다. 모든 참된 관계에서처럼, 우리 자신의 삶 안에서 하나님께서 어떻게 일하시며, 무엇을 하시는지 깨닫기 위해, 또 그분의 임재의 징조를 분별하기 위해, 우리는 그분을 향해 마음의 문을 열어야 한다.

4. 기도 : 한 개인의 삶에서 이미 그가 온전하게 되도록 역사하시는 하나님을 만나도록 기도하라. 하나님께서 어떻게 임재하시고 책임을 지시며, 무엇을 계획하시는지를 알려주시도록 기도하라. 또한 당신의 기도가 단지 당신이 이야기가 아니라 성령의 말씀이 되도록 기도하라.

5. 연결 : 사람들이 자신들의 이야기와 예수님의 이야기를 연결하도록 도우라. 그 다음에 신앙과 삶을 연결하도록 도우라. 유월절 밤 축제에 읽는 말씀 중 가장 중요한 문장은 "모든 세대(*bachol dour va dour*)의 모든 유대인은 마치 자신이 애굽에서 풀려 나온 것처럼 느껴야 한다."라는 문장이다. 복음전도의 본질은 연결을 만들어내는 것이다. 즉 "이것이 나의 이야기이며 이것이 나의 노래이다." 폴 아버나띠(Paul Abernathy)는 이렇게 말했다.

단순히 고대의 성경 본문을 기억하려고 구속의 역사를 하나하나 열거하지 않는다. 그렇다. 그 이야기가 우리 안에서 더 깊이 뿌리를 내리도록 다시 이야기한다. 자신이 이야기가 되도록, 교회의 절기가 생활 안에서 능동태의 동사가 되도록 다시 이야기한다. 다시 오실 예수님을 사모하는 '강림절' 이 되도록 다시 이야기한다. 항상 우리 안에 계시는 예수님의 탄생에 의해 생기를 얻는 '성탄절' 이 되도록 다시 이야기한다. 이 세상을 위하여 우리 안에서 예수님의 계시를 깨닫는 '주현절' 이 되도록 다시 이야기한다. 항상 죄로 죽게 되는 우리를 위해 예수님이 돌아가신 '사순절' 을 기억하도록 다시 이야기한다. 우리를 위해 그리고 우리 안에서 예수님의 부활이 우리를 살리는 '부활절' 이 되도록 다시 이야기한다. 항상 능력을 주시는 성령의 임재로 불타오르는 '성령강림절' 이 되도록 다시 이야기한다.[14]

6. 세 번째 성서가 되라 : 당신의 삶이 예수님의 존재가 읽혀지고, 연구되고, 성령의 도장으로 인해 봉인될 수 있는 '살아 있는 편지' 가 될 때까지 당신은 '자신에게 맞는 복음' 을 실현하며 살라.

얄궂게도, 기업문화는 복음전도에 관한 모던의 방법과 식민주의적 방법을 받아들였고 "복음전도자"라는 표현조차도 사용하였다.

- 과학과 기업분야의 거물 중, 케빈 켈리(Kevin Kelly), 탐 피터즈(Tom Peters), 가이 가와사키(Guy Kawasaki), 조나단 버클리(Jonathan Bulkeley)는 지도자들("새로운 혁명가들")에게 "복음전도자"(evangelists) 그리고 "복음기술자"(evangineers)[15]가 되도록 촉구하고 있다.
- 하워드 슐츠(Howard Schultz)는 스타벅스(Starbucks)의 최고 경영자로서 무엇을 하느냐고 사람들이 질문했을 때 "나는 커피 복음기

술자(evangineer)이다."라고 대답했다.

· 월 스트리트 저널(Wall Street Journal)은 "우주의 상업화를 위한 오래된 복음전도자"라는 1면 기사를 실었다.[16]

· 러셀 레이놀드 연합(Russell Reynolds Associates)은 당신이 '웹 DNA'를 가지고 있는지 혹은 가지고 있지 않은지를 알아내기 위해 여섯 가지 질문을 하였는데, 그중 하나는 다음과 같은 것이다. "당신은 마태, 마가, 누가, 요한보다 더 전도를 잘하는가?"[17]

사회생활에서처럼 복음전도는 가상과 물리적 만남의 장소(엔드류 카리에가(Andrew Careaga)가 "e-복음전도"라고 불렀던 장소)[18]를 모두 포함해야 한다. 장소를 기초로 하는 교회와 조직들은 언제나 필요할 것이다. 짐 포레스트(Jim Forest)는 이렇게 말하였다. "카타콤은 기독교인이 어디에서 기도를 하든지 하나님의 나라를 떠올리고, 자신들을 위해 기도하는 시각적 환경을 만들기 원했다는 것을 말해주는 증거이다."[19] 가상성과 물리성을 한데 묶어보면 지금까지 묻지 않았던 '공간과 장소'의 기반에 대한 질문을 할 수밖에 없어진다. 교회를 개척하는 사람들, 복음전도자들, 교회 건축가들은 다음 질문에 직면하게 될 것이다. "건물이 진정 필요한가?"

E is for Evil
악

세상은 어떤 부분에 있어 많이 변하여 왔다. 그 외에는 거의 변하지 않았다. 세상에서 거의 변하지 않았던 것은 '악'(EVIL)이다.

죄는 숨겨진 사회학상의 범주이다. 나비 유충이 비단 덮개로 자신을 숨기는 방식으로 인간은 죄를 짓는다. 그러나 죄의 고치(cocoon)는 완전한 밀봉장치이며, 은혜가 해방시키지 않는다면 나비는 나올 수 없다.

새롭게 출현하는 문화는 새로운 죄를 만들어내고 옛날의 죄를 고양시킬 것이다. 더글라스 커플랜드(Douglas Coupland)는 포스트모던인들에 대한 '새로운 유혹'의 범주를 다음과 같이 제시하였다.

급속히 축적한 재산
감성적 유대감이 없는 성관계
정보과다
섭취된 물질이 신체 또는 개성을 바꿀 수 있다는 믿음
민주주의의 보존에 대한 무관심
역사에 대한 고의적인 무지
신체 조작
반성에 대한 고의적인 거절

얼짱, 몸짱 문화

스펙터클한 것이 현실이라는 믿음

유명인을 통한 대리적인 삶

감성에 대한 거절

계급제도의 가치를 옹호하는 억지[20)]

포스트모던의 첫 번째 약점은 무엇일까? 바벨탑을 쌓던 사람들은 "이제 그들은, 하고자 하는 것은 무엇이든지, 하지 못할 일이 없을 것이다."(창 11:6 표준새번역)라고 생각했다. 에덴동산에 있던 뱀은 똑똑했고 옳았다. "너는 하나님처럼 될 것이다." 21세기의 사람들은 신들처럼 되어 왔다. 그리고 신들은 자기들이 죄를 범할 수 있다고 생각하지 않는다.

모든 광고는 포스트모던인들에게 "당신은 신(神)이다."라고 말한다. 모든 상업 광고는 우리의 마음과 심장을 향해 계속해서 말한다. "당신이 감독한다." "당신이 통제한다." "당신이 최고다." "당신은 그것을 받을 가치가 있다." 어떤 상업광고는 더욱 직설적이다. "당신 안에 있는 여신을 위하여!"

컴퓨터 게임의 전체 양식은 당신이 전능한 신의 역할을 하도록 하는 신-모의(神-模擬, god-simulation) 게임이다. 당신은 선할 수도 있고 악할 수도 있다. 당신에게 속한 사람들을 괴롭히고 죽일 수 있다. 또한 당신은 그들을 치료하고 도와줄 수 있다. 당신을 믿지 않는 사람들에게 관대하고 친절할 수 있다. 또한 당신은 그들을 향해 앙갚음을 할 수도 있다.

사람들에게 "신이 되라"(be gods)고 가르치는 문화이기 때문에 교회는 그들에게 다른 의미에서 그 똑같은 말을 듣도록 도와야 한다. 즉 사람들이 "신이 되라"(be gods)에서 "하나님의 것이다"(Be God' s)로 움직이도록, 가수이자 작곡가였던 고(故) 리치 멀린즈(Rich Mullins)가 그의 책들과 CD들에 "하나님의 것이다"(Be God's)라고 서명한 방식으로 움직이도록 도와야 한다.

"신이 되라"에서 "하나님의 것이다"로 바꿈으로써, 우리는 악(EVIL)을 뒤집어 놓은 단어, 생명(LIVE)으로 옮겨진다. ['홀로코스트'(Holocaust) 참조]

E is for Exercise 운동

* 건강한 삶을 위한 육체적 혹은 영적 훈련. ['제자훈련'(Disciplines) 참조]

E is for Experiential 경험

* 새롭게 출현하는 문화의 거룩한 성배(聖杯).

오늘날 사람들은 경험 채집인(採集人, gatherer)들이다. 오늘날의 사람들은 무엇을 보고 알지 못한다. 사람들은 경험을 통해서 인식한다. 블루 맨 그룹(Blue Man Group)을 비평하는 '시카고 트리뷴'(Dhicago Tribune)의 논평에서 "완벽한 오락(entertainment)은 … 믿어질 정도로 경험되어져야 하는 즐거움"이라고 했다. 경험은 "경험경제"[21] 안에서 주요 통화 수단이다. 이성과 그 이상을 포함하는 경험은 이성을 제치고 이겼다.

기업은 상품을 향상시키는 것을 포기하고 대신에 사람들에게 의식을 일으키고, 토론을 자극하며, 미래를 계획하는 도발적인 이미지를 경험하도록 하고 있다. "경험경제"와 같은 것이 없다고 믿는가? 데니스 틸토(Dennis Tilto)에게 물어보라. 그는 '국제 우주 정거장'(International Space Station)에서 '우주 휴가'(space vacation)를 위해 2천만 달러를 소비했다. 당신은 생산품을 경험화한 이야기와 생산품을 둘러싼 이야기를 제공할 수 없는가? 이런 것을 만들어라. "어니스트 헤밍웨이 수집품"(Ernest Hemingway Correction)이라는 이름의 가구는 토마스빌 가구(Thomasville Furniture) 회사에서 5개의 종류로 만들어져 헤밍웨이의 다섯 집과 짝을 맞춘다. 이 다섯 집은 헤밍웨이가 파리, 하바나, 키 웨스트, 케첨, 케냐를 소재로 작품을 썼던 집들이다.[22]

포스트모던인들은 삶의 의미를 관계의 진실성과 경험의 강도로 정의한다. 그들에게는 명료성이 아니라 강도가 지배적인 관심사이다.

모던인은 "찾는 사람들"이다. 포스트모던인들은 새로운 발견과 경험에 대해 열려져 있는 "발견하는 사람들"이다. 이들은 싫든 좋든 어떤 경험일지라도 경험으로 이끄는 어떤 것에 이끌리어 종종 줏대 없는 사람이 되기도 한다. 실제의 일들이 감각만큼 중요하지는 않다. 포스트모던인은 "하나님을

더듬어 찾는"(행 17:27, 표준새번역) 경향이 있다.[23)]

> 옛 패러다임은 만약 당신이 올바르게 배웠다면 하나님을 경험할 것이라고 가르쳤다. 그러나 새로운 패러다임은 만약 당신이 하나님을 경험하면 당신은 올바르게 배울 것이라고 말한다.
>
> – 목사/NAE 사장 레이스 앤더슨24)

모던인들이 돈과 재물을 쌓아놓는 것에 관하여 탐욕스러웠던 반면에, 포스트모던인들은 경험과 관계를 쌓아놓는 것에 탐욕스럽다. 그리고 탐욕은 밑 빠진 독과 같다. 더 많이 가질수록 더욱더 갖고자 열망할 것이다. (주의: 영적인 포스트모던인들은 즐거운 영적 경험에 대하여 육적인 경험과 동등하게 탐욕스러울 수 있다. 즐거운 영적 경험은 실제로 참된 제자화의 방해물일 수 있다.)

경험을 통한 정체성 확립에 대한 최근의 추구는 감각의 문화와 분파를 만들고 있다. 모더니티는 "감각적"(sensible)과 "이성적"(rational)이라는 단어를 동의어로 만들었다. 포스트모던 예배는 다시 "감각적인"이라는 단어의 원래 뜻에 맞게 '느낄 수 있는 예배'가 되어야 한다. "감각적인"은 '느끼는 것 또는 지각하는 것'을 의미할 뿐 아니라 '감각에 의하여 지각되어지거나 지각할 수 있는 것'[25)]을 의미한다.

그러나 "느낄 수 있는"(sensible) 예배의 약속과 더불어 포스트모던 예배의 커다란 위험이 다가온다. 「벌거숭이 임금님」의 반전과 같은 것이다. 안데르센(Andersen)의 우화 「벌거숭이 임금님」을 기억하라. 임금님이 실제로 벌거벗고 있을 때, 임금님은 새 옷을 입고 있다고 생각하였다. 그리고 사람들은 그에게 그가 벌거벗고 있다는 사실을 말해주길 두려워했다. 그 이야기의 포스트모던적 반전이라는 의미에서 우리는 최근의 유행 – 단추와 종과 향기와 전자 호루라기로 차려입은 예복 – 에 따라 완전히 꾸며졌지만 왕 중의 왕이요 만유의 주이신 예수님 없이 예배하는 교회들을 경험한다.

그래서 믿음이 경험으로 제한될 수 없다는 것을 기억해야만 한다.

실제로 만약 경험을 통해 어떤 즐거운 느낌에 도달하려고 한다면 '하나님을 경험하는 것'은 우상이나 마약이 될 수 있고, 하나님을 섬기고 순종하는 것의 대체물이 될 수 있다. 하나님을 어떻게 가장 영광스럽게 할 수 있는가? 아모스와 미가 같은 선지자에게 물어보라. 하나님을 가장 영광스럽게 하는 것이 우리의 예배를 통하여 생겨나는가? 또는 우리의 순종과 섬김을 통하여 일어나는가?[26] 하나님이 가장 원하시는 것은 찬양도 아니며 자극적인 드라마나 파워포인트 설교가 아니다. 하나님이 가장 원하시는 것은 살아있는 희생이다(마 28:9; 계 4:10).

비유 : 저녁 식사 후 후식을 먹는 동안, 아버지가 그의 아들에게 정원의 잔디를 깎으라고 하였다. 그 아들은 버릇없이 웃으면서 말하였다. "아버지, 싫습니다. 사랑하는 나의 아버지, 나는 아버지가 계시는 것을 경험하면서 여기에 단지 머무르기를 원합니다. 당신에 대한 나의 사랑을 표현하면서 말입니다." 이번에는 더욱 단호하게, 아버지가 눈살을 찌푸리고 말하였다. "아들아, 나는 정말로 네가 나가서 잔디를 깎았으면 한다." 그러나 아들은 아버지의 말을 끝까지 듣지도 않는 것처럼 행동하였다. 그리고 대답하였다. "아빠! 제가 어떻게 할 것 같아요? 나는 아버지에 대한 나의 사랑을 표현하는 노래를 작곡했어요." 그 아들은 노래하기 시작하였다. 아들은 아버지에 대한 진실과 열정 안에서 눈을 감고 노래를 불렀고, 아버지는 텔레비전을 보기 위하여 식탁을 떠났다. 아들은 아버지가 떠나는 것을 알아채지 못하고 눈물을 흘리며 계속 노래를 불렀다.

아버지가 아들에게 명령한 그때에, 아버지는 소년이 아버지 임재의 온기보다 순종을 경험하기를 더욱 원하였다. 순종이 열심, 땀, 갈증, 그을림, 팽팽한 근육, 허기, 인내 그리고 피로를 수반한다 할지라도 말이다.

● *Footnote* ●

E

1. Leonard Sweet, *11 Genetic Gateways to Spiritual Awakening* (Nashville: Abingdon, 1998), 42-54.
2. "권력은 부패하는 경향이 있고 절대 권력은 절대적으로 부패한다." (1887년 4월 3일 만델 크레이톤 감독에게 보낸 편지)
3. Murray Weidenbaum, "A Key Driver for the U.S. Economy: Global Economy: Superpowers to Supermarkets," *Vital Speeches of the Day* 1 (June 1999), 506.
4. 1992년 UN 환경과 발전회의에 의해 지원된 리오 환경회의에서 나온 "Agenda 21" 문서를 참조하라.
5. Routledge 출판사의 급진적 정통주의 시리즈 중 최근에 출판된 2권의 책이 이 문제를 탐구하고 있다. D. Stephen Long, *Divine Economy: Theology and the Market* (London: Routledge, 2000); *Theology and Economics: Values, Protests, Virtues* (London: Routledge, 2000).
6. John H. Hollan, *Emergence: From Chaos to Order* (Reading, MA: Addison-Wesley, 1998).
7. 하나님에 관해서 발생의 힘에 대한 일단의 과학자들의 민감성에 대해서 알고자 하면 다음을 보라. 위 언급에 대한 Gary Lachman 첨언: "전체는 부분들보다 클 수 있다. 그러나 전체와 부분들은 같은 물질로 만들어졌다. 물리학자 머레이 겔만(Murray Gell-Mann)이 말하듯이 '어떤 것을 갖기 위해 어떤 것이 필요하지는 않다.'" Gary Lachman, "Edging Out of Chaos," *TLS: Times Literary Supplement* (12 March 1999), 27.
8. Tony Gill, *About Systems Thinking* (London: Verso/Phronesis, 2001), 1. 참고 *www.phrontis.com/systhink.htm.* 2001년 7월 14일 접속.
9. Jennifer Cobb, *Cybergrace: The Search for God in the Digital World* (New

York: Crown, 1998), 86.

10. 지적 설계에 관해 다음을 참조하라. *Science and Evidence for Design in the Universe: Paper Presented at a Conference Sponsored by the Wethersfield Institute, New York City, September 25, 1999*, ed. Michael J. Behe, William A. Dembski, and Stephen C. Meyer (San Francisco: Ignatius, 2000); William A. Dembski, *The Design Inference: Eliminating Chance through Small Probabilities* (New York: Cambridge University Press, 1998); ibid., *Intelligent Design: The Bridge between Science and Theology* (Downers Grove, IL: interVarsity Press, 1999); Michael Behe, *Darwin's Black Box* (New York: Free Press, 1996). 진화론 학자와 이들을 반대하는 학자들의 연구는 다음을 보라. Kenneth R. Miller, *Finding Darwin's God: A Scientist's Search for Common Ground between God Evolution* (New York: Cliff Street Books, 2000); Richard Dawkins, *Unweaving the Rainbow: Science, Delusion, and the Appetite for Wonder* (Boston: Houghton Mifflin, 1998); Ernst Mayr and William B. Province, ed., *The Evolutionary Synthesis: Perspectives on the Unification of Biology* (Cambridge, MA: Harvard University Press, 1998).
11. 이 개념은 레너드 스윗의 『영성과 감성을 하나로 묶는 미래교회』 (서울: 좋은씨앗, 2002), 원저 *Postmodern Pilgrims: First-Century Passion for the 21st-Century World* (Nashville : Broadman & Holman, 2000)에서 발전되었다.
12. 포스트모던을 알 수 있는 새로운 방법들을 알기 위해서는 다음을 참조하라. Rick Richard, *Evangelicalism outside the Box: New Ways to Help People Experience the Good News* (Downer Grove, IL: InterVarsity Press, 2000), 그리고 Brian McLaren, *More Ready Than You Realize* (Grand Rapids: Zondervan, 2002).
13. Bertil Svensson, "Crosscultural Evangelism in a Post-Colonial Time: A Swedish Perspective," *International Review of Missions* 84 (1995), 427-31; Robert G. Tuttle, "Cross-Cultural Common Denominator: Tools for a More User-Friendly Evangelism," in *Global Good News: Mission in a New Context*, ed. Howard Snyder (Nashville: Abingdon, 2001), 176-89.

14. Paul R. Abernathy, "When Will It End?" *The African American Pulpit* 1 (Fall 1998), 6.
15. Kelly, *New Rules for the New Economy* (1998); Peters는 *Fast Company* (September 2000), 106.에서 인용; Kawasaki, *Rules for Revolutionaries* (1999); BarnesandNoble.com의 회장인 벌클레이(Bulkeley)는 "이 시대의 리더들은 조직을 유지하는 것이 아니라, 변혁시키는 복음주의자들(evangelists) 이어야 한다."라고 주장한다.
16. *The Wall Street Journal* (16 June 2000), A8.
17. "Web DNA," *Fast Company* (July 2000), 170.
18. Andrew Careaga, *E-vangelism* (Lafayette, LA: Vital Issue Press, 1998). 또한 그의 책을 보라. *Eminisrty: Connecting with the Net Generation* (Grand Rapids: Kregel, 2001).
19. Jim Forest, *Praying with Icons* (Maryknoll, NY: Orbis, 1997), 4.
20. Douglas Coupland, *Polaroids from the Dead* (New York: Regan Books, 1996), 156.
21. James H. Gilmore and B. Joseph Pine, *The Experience Economy* (Cambridge, MA: Harvard Business School Publishing, 1999).
22. 더 자세한 정보를 원한다면, *www.thomasville.com/hemingway*를 접속해 보라. 2000년 9월 17일 접속.
23. 이것은 오순절성령강림주의의 놀랄만한 성장의 한 이유이다. Harvey Cox, *Fire from Heaven: The Rise of Pentecostal Spirituality and the Reshaping of Religion in the Twenty-first Century* (Reading, MA: Addison-Wesley, 1995), and David Martin, *Pentecostalism: The World Their Parish* (Malden, MA: Blackwell, 2002).
24. Leith Anderson, *A Church for the 21st Century* (Minneapolis: Bethany House, 1992), 21.
25. 이것에 대해 아주 훌륭한 두 개의 자료가 있다. Tex Sample, *The Spectacle of Worship in a Wired World: Electronic Culture and the Gathered People of God* (Nashville: Abingdon Press, 1998), 그리고 Kim Miller and Ginghamsburg Church Worship Team, *Handbook for Multisensory*

Worship (Nashville: Abingdon Press, 1999), 보충자료로는 *The Handbook for Multisensory Worship Interactive CD-ROM* (Nashville: Abingdon Press, 1999).

26. 커크 해더웨이(Kirk Hadaway)의 이 도발적인 논쟁은 토론한 만한 가치가 있다. "우리는 진정으로 하나님을 예배하지 않는다. 하나님께서는 우리가 그에게 경배하고 예배하기를 원하시지 않는다. 대신에, 우리의 예배 가운데 우리가 하는 것은 하나님의 백성처럼 그리스도 안에서 하나님과 함께하는 것이다. 예배의 목적은 하나님의 백성처럼, 그리스도의 몸처럼 함께 가는 것이며, 하나님의 영광의 찬양과 하나님께서 행하신 것을 축하하는 가운데 우리가 있는 것이다. 예배 행위는 우리가 하는 것을 실행하도록 허락하는 것이며, 하나님의 관점 - 우리의 중심 안에 하나님의 나라를 깨닫는 것이며 인식하는 것 - 으로 세상을 바라보는 것이다. 이러한 실천을 통해서 공동체가 형성되고, 객체와 같은 우리는 그 안의 구성원으로 변화되어 간다." Kirk Hadaway, *Behold I Do a New Thing: Transforming Communities of Faith* (Cleveland Pilgrim Press, 2001), 99.

F is for Festival 축제

학자 또는 지식인이 받을 수 있는 가장 최고의 명예는 학자의 업적을 평가하고 기리는 '기념논문집'을 받는 것이다. 한때 '기념논문집들'(*Festschriften*)은 주로 '글'(*schrift*)이라기보다는 오히려 '축제'(*Fest*)였다. 하지만 모던세계에서 거의 모든 기념논문집은 이제 '축제'(*Fest*)가 아닌, '글'(*Schrift*)이 되었다.

그러나 포스트모던시대는 모던시대보다 오히려 더 모던 이전 시대와 가까울 것이다. 모던 이전의 세계는 언어의 세계가 아니었다. 모던 이전의 시대에는 은유, 노래, 춤, 의식(儀式), 이야기, 의전 그리고 파티의 축제가 있었다. 모던시대까지 기독교인들은 평균적으로 4일 중 하루를 교회력과 관련된 몇몇 축제의 절기 안에서 지내왔다.[1] 예수님께서는 회의에 참석하지는 않으셨으나, '만찬'은 좋아하셨다. 신약성경에서 "데이프논"(*deipnon*)은 '시간을 오래 끄는 식사'라는 의미를 지닌 말이다. 예수님께서는 '데이프논'을 좋아하셨다. 그의 사역은 근본적으로 데이프논 사역이었다.[2] 가정교회 신학자 볼프강 심슨(Wolfgang Simson)에 따르면, "주님의 만찬은 사실상 실체적 의미의 상징적인 만찬이라기보다는 상징적 의미의 실체적 만찬이었다."[3]라고 한다.

오늘날 사람들은 축제적인 삶을 살아가기를 갈망하지만, 어떻게 휴식을 취해야 하는지를 모른다. 우연성과 자연성과 자발성의 기술은 모두 시공간을 필요로 한다. 사람들의 여가 시간은 최근 10년 동안 한 주에 약 16.5시간 이하로 줄었다. 우리는 1960년대 기준보다도 1년에 약 한 달의 시간을 더 일하고 있다. 이와 같은 노동의 증가로 사람들은 휴식하지 못하고 긴장을 풀지 못해 생기는 병, '여가병'이라 불리는 새로운 신드롬에 의해 고통 받는다.[4] '여가병'에 대한 의학적인 치료는 무엇인가? 그것은 바로 온종일 휴식하는 것이다.

우리는 '빛의 속도'로 진행되는 세상 속에서 살아가면서 여기에 맞춰 살아가는 방법을 배워야 한다. 우리는 휴식과 회복과 반성을 위한 공간을 필요로 한다. 삶은 시간을 필요로 한다. 살아 있는 것은 시간을 요구한다. 관계는 시간을 요구한다. 마가렛 휘슬리(Margaret J. Wheatley)는 잊을 수 없는 말을 하였다. "우리는 시간을 벗어날 때 무엇을 잃어버리는가? 우리는 서로를 잃어버린다."[5] 안식일을 지키는 것은 새롭게 출현하는 문화 안에서 사역을 위한 명령이다.[6]

F

F is for Forms
형태

어디에 가든지 사람들은 포스트모던 교회가 어떤 형태를 가질 것인가에 대해 묻는다. 대답은 "모든 형태의 교회일 것이다."이다. 기억하라. 포스트모던 목회를 이야기하고 있지 않은가. 모던 시대의 '획일화' 공식은 우리의 관심 대상이 아니다.

모던 교회와 달리, 포스트모던 교회는 온갖 종류의 동물이 살고 있는 정글처럼 만들어질 것이다. 포스트모던 대형교회와 가정교회, 포스트모던 전례(典禮)와 비(非)전례, 포스트모던 후기교파(postdenominations)와 무교파가 있을 것을 예상할 수 있다. 그리고 기독교의 초기형태, 즉 예루살렘의 유대인 교회가 A.D.70년대에 나타났다 사라진 것처럼 포스트모던 시대의 교회들도 나타났다 사라질 것이다. 포스트모던 교회들은 거실과 고대 성당에서, 창고와 하이테크 오라토리움에서, 온라인과 오프라인에서, 예복과 작업복을 입고서, 초와 향이 나는 곳에서, 그리고 커피와 베이글이 있는 곳에서 만나게 될 것이다.[7)]

리더십의 스타일과 구조면에서 신학교에서 훈련을 받은 사람들과 그렇지 않은 사람들, 공식적으로 개인지도를 받은 사람들과 그렇지 않은 사람들, 유급 사역자와 무급 사역자, 구조화된 혼돈과 무정부상태 그리고 '혼돈질서'[8)] 등, 그 어떤 모습이든 가능하다.

따라서 한편으로 기계적이고 반복적인 일상으로 퇴화할 수 있는 예배의 모던 규범을 비판하고 있는 볼프강 심슨(Wolfgang Simson)의 주장에 공감을 느낀다.

> "예수님께서 인간이셨던 한, 항상 동일한 오래된 패턴으로 구조화된 사람들과 만난다는 것은 날마다 미래신부에게 똑같은 꽃을 주고, 똑같은 노래를 부르며, 똑같은 시로 자신의 타오르는 사랑을 표현하는 신랑처럼 보인다. 그러나 그렇게 되면, 신랑의 계획을 들으면서 느끼는 신부의 흥분은 점점 더 적어질 것이다."[9)]

또 다른 한편으로, 포스트모던은 고대의 의식과 예식으로 되돌아갈 것이라고 예견한 로버트 웨버(Robert Webber)의 말에 큰 공감을 느낀다. 고대인들은 반복성과 친밀성과 예측 가능성으로 자신들을 일종의 투명한 존재처럼 만들 수 있었다. 이로써 그들은 자신들에게 관심을 끌지 않게 하면서 예배의 질을 높일 수 있었다.[10)]

우리가 예상할 수 있는 매우 커다란 차이는 새로운 형식이 과거의 형식으로 대체되는 것이 아니라, 형태에 관한 새로운 상대주의가 형태에 관한 오래된 절대주의를 대체할 것이라는 점이다.

춤이 내용과 형식 사이에서 변화하듯이, 교회는 변화하는 리듬에 따라 계속 움직여야 한다. 예수님 안에서, 하나님은 내용(신성)과 형식(인성)을 결합시키셨다. 결합은 유일하게 한 번 발생했으며, 유일하게 한 번 발생할 수 있다. 그러나 내용과 형식이 예술적이고 놀라운 방법으로 함께 춤을 추도록 권한을 주는 결합의 힘을 사용할 수 있다.

교회는 그리스도의 신부로서, 세상에서 내용과 형식의 궁극적인 결합으로 불리게 될 것이다.[11)]

F is for Foundationalism 정초주의

* 모던 세계에서 가장 강력하고 매력 있는 구조 중의 하나.

* 서구의 기독교회가 가장 세속화되는 방식들 중의 하나. (의심이 되는가? 신앙의 기초가 무엇인지 10명의 모던 크리스천들에게 물어보아라. 그런 다음, 고전 3:11; 엡 2:20; 딤전 3:15와 그들의 대답을 비교해보라.)

전(前) 정초주의자 세계에서, 사람들은 인생은 "주님께 속한"(신 29:29) "비밀스러운 것"으로 가득 차 있는 신비라고 생각했다. 하나님이 계시하시는 것은 선물로 받을 수 있는 값진 보화였다.

정초주의자들의 세계에서, 사람들은 신중한 이성과 논리 그리고 연구를 통하여 지식의 완벽한 구조를 바로 세울 수 있고, 신비는 점차적으로 지식으로 대체될 것이라고 생각했다. 이 지식은 확실한 기본으로서 시멘트로 접합된 벽돌처럼 축척될 것이며, 기본은 안전하고 확실한 것이며, 인간은 처음부터 바위처럼 단단한 확실성을 가져야 할 것이라고 모던인들은 생각한다. 모던 세속주의자들은 그들의 '벽돌'을 감각적인 데이터에 의존하는 경향이 있다. 모던 크리스천들은 제안들이 도출될 수 있는 근원인 하나님에 의해 기록된 성경으로부터 그들의 벽돌을 찾아내었다. 각 경우에 있어서, 지식은 의심할 수 없고 흔들리지 않는 기본으로 설계되는 빌딩과 벽돌 같은 것으로 여겨진다. 마치 중세의 크리스천들이 영원히 지속될 것이라고 믿으면서 돌로 성당을 세웠던 것처럼, 모던 크리스천들은 그들의 개념상의 구조가 영원히 지속될 것이라고 생각한다.

후기 정초주의 포스트모던 세계 안에서[12], 사람들은 일반적으로 정초주의 이전의 사람들과 이러한 인식을 함께 소유함으로써 그들에게 더욱 큰 친근함을 느낄 것이다. 우리가 배우면 배울수록, 더욱더 알지 못하는 것을 알게 되며, 더욱더 신비를 깨닫게 된다. 로드니 클래프(Rodney Clapp)는 정초주의를 부인하는 것이 더 나을 것이라고 주장한다.

> 그것을 포기하는 더 나은 이유 중의 하나는 우리가 더욱 경건한 크리스천이며 덜 자유주의자가 될 수 있기 때문이다. … 은유적으로 이 문제를 풀어보면, 마치 정초주의자들이 지식의 놀이터에 있으며, 모든 사람들은 미끄러우 미끄럼틀에서 단지 야단법석을 떨고 있는 것 같다. 그들은 오직 지식이 안전하게 근거를 세울 수 있는 것이라고 믿는다. 정초주의자들은 미끄럼틀로부터 벗어나려는 몇몇의 상대주의적인 아이들이 그 거리 안에서 헤매고 어떤 제한으로 인해 지칠 것에 대해 두려워한다. 그러나 나는 정초주의자들이 안전하고 절대적으로 확고하다고 믿는 지식 같은 것이 없다는 것을 인정해야 한다고 생각한다. 지식은 부분적이며, 관점이 들어가 있는 것이고, 그것만으로도 항상 논쟁의 여지가 있는 것이다. 그리고 결국에 그 미끄럼틀의 정상은 확실하게 안전한 삶은 아니다. 그것이 그렇게 하는 사람들이 미끄러운 미끄럼틀에서 괴롭힘을 당하는 이유이다. 그곳에서 내려오게 되면, 적어도 모든 다양성 안에서 위험을 정확하게 감지할 수 있다. 그리고 위험은 유한한 (그리고 타락한) 세계에서 불가피하다는 것을 인식할 수 있다.[13]

F is for Fractals 차원분열도형

* 전체가 모든 부분에서 축소형으로 반복되는 방식.

'프랙탈 팀'(Fractal teams)은 호놀룰루에 있는 새소망교회(New Hope Christian Fellowship)의 웨인 코데이로(Wayne Cordeiro)에 의해 소개되었다. 각 팀은 5명의 리더로 구성되어 있다. 한 팀의 리더와 각 분야에서 책임을 맡는 4명의 리더들이 있다. 4명의 리더들은 각각 한 가지 책임을 맡는다. 교회에서 모든 사람들이 팀 사역을 위한 멤버가 될 때까지 이 프로그램은 계속된다.[14]

F is for Fundamentalism 근본주의

유대인, 회교도, 기독교인, 혹은 그 무엇이든, 급증하는 근본주의자들은 "포스트모더니즘의 혼란의 접촉면"[15]으로서 포스트모던 문화에 대한 초모던(hypermodern)적 반응이다. 놀라운 변화와 비천한 신비들, 원치 않는 애매모호함에 직면하여, 근본주의자들은 때때로 정직과 겸손과 자비의 대가로 안전성과 명확성과 확실성을 구한다. 켈틱 기독교 신학자 필립 뉴웰(Philip J. Newell)은 "신비는 통제될 수 있는 것이 아니라 다만 경외될 뿐이라는 사실을 분명히 알게 될 때 우리는 두려움을 갖게 된다."[16]라고 기록하였다.

근본주의자들은 성경에 대한 그들의 해석에 있어서 모던사람들을 모던스럽지 않도록 만드는 사람들이다.

주의 : 근본주의자들은 자유주의자와 보수주의자라는 두 부류의 지류를 가지고 있다.

F

F is for Fusion-Fission 융합-분열

> 나에게 애매모호한 것을 주거나 그 밖의 다른 어떤 것을 주시오.
> – 범퍼 스티커 문구

21세기 사회는 융합-분열 사회이다. 느슨하게 묶여진 공동체는 관계적인 의식으로 연결된 가시적이고 물리적인 공간을 따라 지속적으로 형성되고, 해체되고, 재형성되고 있다.

F is for Fuzzy
퍼지

* 논리학과 컴퓨터 공학, 응용과학, 신학에서 최고의 형태를 묘사하는 형용사.

순수하고 진실한 예술은 명료함에서 불명료함으로 전환시키는 생각과 감정의 애매모호함, 즉 불분명 안에 있다.

모던시대에서는 명료성이 전부였다. 모던 문화에서 잘못된 모든 것은 그 빛 아래서 모두 새하얗고 창백하고, 죽은 것 같이 보이는 형광 빛으로 상징된다. 최근에는 모던에 의해, 모든 그림자와 뚜렷하지 않은 것을 제거하는 빛에게 결점이 있다는 것을 깨닫기 시작하였다. 예를 들면, 당신이 속죄에 관한 분명한 이론을 가지고 있다면, 당신은 명쾌한 도형을 그리듯이, 설교 후에 명확한 공식을 이끌어낼 수 있을 것이다. 그러나 성경이 적어도 6개 정도의 속죄론을 시사한다는 것을 인식한다면, 이러한 다양한 관점을 유지함으로써 명확성보다 더욱 좋은 것, 즉 심원성을 얻게 된다는 것을 깨달을 수 있다. 얕은 물은 단지 명확성을 유지하게 해줄 뿐이다. 그러나 깊은 물을 더 오래 주시하면 할수록 그 불분명성은 더욱 커진다.

최대의 불분명은 한 개념이 자신의 반대 개념과 대등한 경우이다.[17] 이러한 점에서 완전한 신이요, 완전한 인간이신 예수님은 최대의 퍼지이다.

드루대학에서 박사과정을 밟은 학생인 크리스 휴(Chris Hughes)는 삼위일체 교리(하나님은 하나인 동시에 세 분이라는 교리)를 "퍼지 입방체"(fuzz cubed)로 부른다.

그러므로 명료한 생각이란, 작은 생각을 가리키는 또 다른 이름이다.
– 에드먼드 버케(Edmund Burke)

EPIC 활동

Fuzzy
퍼지

모든 사람에게 당신의 교회 또는 교파의 교리 선언서를 주라. 고백문들 중에 하나의 항목을 빼도록 멤버들에게 요구하라. 그리고 난 후 그것을 제거하면 긍정적이든 부정적이든 어떤 영향이 일어날지 물어보라.

고백문의 각 항목들이 모두 제거될 때까지 그 행동을 계속하라.

그런 다음 위대한 계명(마 22:34–40)과 새 계명(요 15:12), 대위임령(마 28:18–20)을 읽어보라. 그리고 이 질문들을 하라. 이 세 가지 말씀이 현재 우리의 교리적인 고백문을 대체한다면, 그때의 장점과 단점은 무엇일까?

이 질문과 함께 결론을 맺으라. 당신은 하나의 고백문(교리적인 고백문 또는 예수님의 세 가지 고백문)에 있어서 유일하게 명료한 것이 있다면 어느 것을 선택할 것인가? 그리고 그 결과는 무엇일까?

F

• *Footnote* •

F

1. *www.inf.uoregon.edu/notable/ehrenreich.html*에서 묘사된 것처럼, Barbara Ehrenreich의 근간서적에서 사회적이고 정치적인 운동에서 축제의 역할을 살펴보라.
2. 이것에 대한 더 자세한 정보는 다음을 참조하라. Leonard I. Sweet, *The Jesus Prescription for a Healthy Life* (Nashville: Abingdon Press, 1996). 특히 'Set the Table' 장의 113-34쪽.
3. Wolfgang Simson, *Houses That Change the World* (Cumbria, UK: OM Publishing, 2001), xxii, 82.
4. "Leisure Sickness," *Trend Letter* 20 (21 May 2001), 2.
5. 2000년 5월 25일 덴버(Denver)에서 열린 리더십 컨퍼런스인 '지도를 벗어난 여행(Exploring off the Map)'에서 마가렛 휘슬리(Margaret Wheatley)는 "유기적인 리더십(Organic Leadership)"을 충분히 언급하였다. 마가렛 휘슬리에 대한 더 많은 정보를 원한다면, 그녀의 고전적인 경영서적인 다음을 보라. *Leadership and the New Science: Leaning about Organization from an Orderly Universe*, rev. and enl. (San Francisco: Berrett-Koehler, 2000).
6. 안식일 지키기에 대해 더 많은 정보를 원한다면 다음을 참조하라. Marva Dawn, *Keeping the Sabbath Wholly: Ceasing, Embracing, Feasting* (Grand Rapid: Eerdmans, 1989), 그리고 chapter 13, "Declare a Sabbatical: Soul Artists Create Rest Spaces in Their Days," in Leonard Sweet, *SoulSalsa: 17 Surprising Steps for Godly Living in the 21st Century* (Grand Rapids: Zondervan, 2000).
7. 그것들이 있는 포스트모던과 만나는 자료들을 보기 원한다면 다음을 참조하라. Jim Thomas, *Coffeehouse Theology* (Eugene, OR: Harvest House, 2001),

그리고 Leonard Sweet with Denise Marie Siino, *A Cup of Coffee at the SoulCafe* (Nashville: Broadman & holman, 1998).

8. "Chaordic" 협회에 대해서 더 알기를 원한다면 다음을 참조하라. Dee Hock, *Birth of the Chaordic Age* (San francisco: Berrett-Koehler, 1999). *The Positive Side of Chaos Revisioning Organization* (Ukiah, CA: New Dimensions Foundation, 2000). Leonard Sweet, *SoulTsunami: Sink or Swim in New Millennium Culture* (Grand Rapids: Zondervan, 1999), 71-106.
9. Simon, *Houses That Change the World*, 140.
10. Robert Webber, *Ancient-Future Faith: Rethinking Evangelical for a Postmodern World* (Grand Rapids: Baker, 1999).
11. 한 예술가의 관점으로부터 형식과 내용을 담은 아주 훌륭한 에세이를 원한다면 다음을 보라. Makato Fujimura, "Form and Content: That Final Dance," *It Was Good: Making Art to the Glory of God*, ed. Ned Bustard (Baltimore: Square Halo Books, 2000), 49-60.
12. 낸시 머피(Nancey Murphy)에 따르면 우리는 후기-기본주의적인 세계(post-foundational world)로 들어가는 우물이다. Nancey Murphy, *Beyond Liberalism and Fundamentalism: How Modern and Postmodern Philosophy Set the Theological Agenda* (Valley Forge, PA: Trinity Press International, 1996), 그리고 Stanley Granz and John Franke, *Beyond Foundationalism: Shaping Theology in a Postmodern Context* (Louisville: Westminster John Knox, 2000).
13. Rodney Clapp, "How Film a Foundation: Can Evangelicals Be Nonfoundationalists?", *The Nature of Confession: Evangelicals and Postliberals in Conversation*, ed. Timothy Pillips and Dennis Okholm (Downers Grove, IL: InterVarsity, 1996), 82, 89.
14. Wayne Cordeiro, *Doing Church as a Team* (Ventura, CA: Regal Books, 2001), 176-95. 팀 목회를 다룬 두 개의 가장 좋은 자료로는 다음을 참조하라. George Claddis, *Leading a Teambased Church: How Pastors and Church Staffs Can Grow Together into a Powerful Fellowship of Leaders* (San

Francisco: Jossey-Bass, 1999), E. Stanley Ott, *The Power of Ministry Teams* (San Francisco: Jossey-Bass Pfeiffer, 2001).

15. Richard Appignanesi and Chris Garratt, *Introducing Postmodernism* (New York: Totem Books, 1995), 159.
16. Philip J. Newell, *Echo of the Soul: The Sacredness of the Human Body* (Harrisburg, PA: Morehouse Publishing, 2000), 16.
17. 바르트 코스코(Bart Kosco)에 의해 다음에서 제안된 것이다. *Heaven in a Chip: Fuzzy Visions of Society and Science in the Digital Age* (New York: Three Rivers, 2000), 12.

G is for Genetic Predestinationism
유전적인 예정론

G

과학과 신앙의 관계를 돈독하게 해줄 주목할 만한 예외가 한 가지 있다. 그것은 신학적인 예정론의 군림이 과학적 이론으로, 더 정확히 말하면, 유전적 예정론으로 대체되어 왔다는 것이다. 생물학적인 영역에서, 특별히 유전학에서 '예정'은 법칙이다.[1)]

생물학적인 연구 안에서 신학적인 영향력은 놀랍고도 두렵다. 유전학자들은 알츠하이머 병, 방광 섬유증, 대장암 같은 병을 유발시키는 특정한 유전자들을 발견했다. 또한 공격적 성향, 알코올중독, 강간 등과 같은 행동적 특성의 유전자 위치를 확인하였다. 어떤 사람들은 암 자체가 유전자 문제로 인한 질병이라고 말한다. 암은 대략 59% 정도 유전이 되며, 행복은 80%, 독

단성은 60% 정도의 유전율을 보이고, 또 개인적인 특성이 50% 정도 유전된다는 연구 결과는 유전이 얼마나 중요한 것인지, 우리를 두렵게까지 하게 한다.[2)]

신경학자들은 간질 증상을 가지고 있었던 15명의 종교지도자들(바울, 모하메드, 잔다르크 등)의 이름을 대면서, 이렇게 많은 종교지도자들이 간질을 가지게 된 이유는 뇌의 측두엽(temporal lobes)이 하나님을 찾을 때 사용되는 부분인데, 이 부분이 간질을 일으키는 부분과 일치하기 때문이라고 주장한다. 1994년에 다른 신경학자들은 모든 건강한 뇌는 전두엽 제일 윗부분에 도덕적인 중심을 가지고 있다고 발표하였다. 다시 말하면, 도덕적으로 뒤틀린 사람들은 복잡한 전두엽을 가지고 있다는 것이다.

근자에 과학자들은 각 귀 밑에 있는 두 개의 작은 신경조직의 '결절'(結節)들을 발견하고 이것들을 "신의 자리"라고 부른다. 이러한 '결절'은 종교, 창조성, 직관에 대한 결정적 경험을 명상할 때 사용되는 부분인 듯하다. 이러한 '신의 자리'가 자극되면, 하나님과 '만나는' 우주의 한 지점을 느끼게 된다.

뇌에서 '하나님의 자리'를 찾으려는 시도나, 양자 진공기 같은 것을 통한 영적인 경험의 이해 시도는 진리를 찾기 위한 참된 행동이라고 주장할 수도 있다. 그러나 영적인 경험이 뇌 안에 생화학적인 자리를 가지고 있다고 말하는 것은, 영성은 거짓이며, 오직 뇌의 화학적 작용이 실제라는 것을 의미할 수도 있다(고전적 모던 환원주의의 부활처럼). 혹은 간단하게 이해한다면, 인간의 눈이 빛, 색, 아름다움을 해석할 수 있도록 개발되어온 것처럼, 인간의 뇌 또한 실제 영적인 데이터를 해석하고 반응하는 능력을 가지기 위해 개발된 것이라고 말할 수 있다(환원주의를 넘어선 접근).

환원주의(복잡한 실체가 있을 때, 그것을 조각으로 깨어 작은 부분으로 단순화시키면 완전히 이해할 수 있다고 보는 관점)는 비록 그것의 지배가 조직적인 사고와 발생 이론에 의해 도전받고 있을지라도, 강력한 힘을 행사하고 있고, 아직도 사라지지 않고 있다.

모던 과학의 환원주의자의 주장에도 불구하고, 하나님은 신경적인 결절이 아니다. 영혼은 유전자가 아니다. 종교는 신경생물학의 결과물이 아니다. 진실로 인간은 종교적인 경험을 위한 다른 통로를 가지고 있다. 인간은 단지 생물학적 현상의 하나로 환원된 존재가 아니라, 유효한 다른 영적 통로를 가지고 있는 것이다.

새롭게 출현하는 문화 안에서 목회자들은 이러한 민감한 영역, 즉 신경생물학, 정신철학, 정신물리학, 신학적 인류학과 타협함으로써 자신감은 물론 겸손을 갖도록 우리에게 요청할 것이다. 우리는 결정론적인 과학의 과장된 주장들로 인해 침묵과 항복으로 겁먹을 필요가 없으며 오히려 우리의 신념에 대한 자신감과 용기를 가져야 할 것이다. 만약 그것이 부분적으로 옳다면 – 우리의 많은 행위가 유전학과 생화학에 의해 결정되지 않고 제한된다면 – 우리는 코페르니쿠스와 갈릴레이 시대의 교회에 의해 순진하게 혹은 오만하게 행하여진 실수를 반복할 것이 아니라 겸손을 필요로 할 것이다. (그런데 인간의 모든 행위가 유전적 혹은 생화학적인 메커니즘에 의해 결정된다는 그들 대부분의 터무니없는 주장이 옳다면, 그들은 그들 자신이 믿고 있는 것을 더 이상 신뢰할 수가 없을 것이다.)

몇몇 과학자들이 제시하듯이, 만약 간통의 기질이나 발기불능의 성향, 폭력성, 나태함, 동성애 혹은 이성애의 기질을 가지고 있으며, 영리하지만 부정직하거나, 솔직하지만 어리석다는 것이 유전적인 것과 상관이 있다면,

우리가 다음과 같이 하는 것이 당연하지 않은가?

1. (오직 하나님만이 판단하실 수 있는 분이라고 우리가 이미 고백한 것처럼) 비판하지 말라.
2. (우리는 다른 사람이 어떤 무거운 짐을 지고 있는지 알지 못하기 때문에) 친절하게 대하고 인내심을 가져라.
3. 우리가 상처 입은 사람들을 도와주듯이 유전적으로 고통을 당하는 사람들을 도와줄 수 있는 어떠한 치료법을 찾음으로써 열심히 일하는 사람을 격려해 주고 우리 또한 열심히 일한다.

그리스도께서 우리에게 행하셨던 것처럼 그들에게 행하고 우리의 이웃을 끊임없이 사랑하는 것이 필요하다.

> 모든 비뚤어진 생각의 배후에는 비뚤어진 분자가 있다.
> 모든 슬픔은 화학적 작용이다.
> – 신경외과의사 랄프 게라드(Ralph Gerard)

혼돈의 배경과 대조적으로, 우리는 자연스럽게 혼돈 너머에 있는 하나님의 힘을 강조하는 경향이 있다. 그런데 우리는 유전적 결정론의 배경에 대항하여 어떤 것을 강조할 것인가? 영광스럽고 존귀하시며 자유로운 존재이신 하나님은 그의 형상대로 우리를 자유로운 존재로 창조하셨고, 그 영광과 존귀는 그가 만드신 우주 속에 나타났다. 이것은 유전적 결정론(환원적이고 기계적인 모던 과학의 마지막 산물)이 최후의 단어가 아니라는 것을 의미한다. [‘발생’(Emergence) 참조]

G is for Globalization
세계화

인류 역사 초기에, 세상은 우리의 존재를 하나의 본질(*Unum Humanum*)로 인식하고 있었다. 지구라는 행성에 사는 사람들은 행성의 의식을 만들면서 같은 사람들과 같은 사건들 그리고 같은 경험을 가지고 있다. 화면을 보고 있는 각각의 사람들은 이제 자기 손가락으로 간단히 조작이 가능한 세계에 살고 있는 것이다. 세계화를 '지금까지 인간의 역사 이래 가장 야심찬 선택적 실험' 이라고 부르는 것은 당연한 일이다.

고래잡이는 정말로 세계적인 첫 번째 산업이었다. 그런데 전 세계는 이제 '시공간의 압축' 을 창조하는 신경망에 들어서는 유선의 존재가 되었다. 이것이 한계와 경계가 덜 의미 있어진 이유가 되며, 시장 경제가 국가 경제로 바뀌는 이유이다. ['경제' (Economics) 참조] 세계적인 증권시장 변동의 요인은 주식 값이 비싼 수치로 변덕거리는 동안에 급격하게 증가한 통합에 의한 것이었다. 월스트리트에서 일어나는 일들은 유럽 시장의 가격 움직임의 80%를 설명할 수 있다.[3]

어떤 면에서 '세계화' 라는 단어는 서구 가치의 보편화를 의미한다.[4] 하지만 좋든 싫든 간에, 세계화는 동양의 사고 또한 세계적인 특성이 된다는 것을 의미한다.

당신은 세계화를 피해갈 수 있다고 생각하는가? 다시 생각해 보라. 반 세계화 운동보다 더 세계적인 것은 없다. 우리에겐 "교회가 '세계적인 기도'를 할 수 있을 것인가?"라는 질문만이 존재할 뿐이다.

지역적인 문화 · 종교 정체성의 옹호자가 세계화 지지자와 싸울 때, 확실한 싸움은 혼자서 하는 싸움 정도이다. 이것이 포스트모던 세계화가 문화적인 차이점을 제거하는 것보다 차이점과 복수성을 강화한다고 보는 증거이다. 인기 있는 문화(특히 팝음악)가 국제적인 형식을 합치고 조화시켜, 혼합하고 맞추어 나가는 대표적인 예이다.[5] 또한 성장하는 몸에 대한 연구는 성장과 세계화가 그들의 소득을 실제적으로 올리는 정도까지 정말 가난을 도와준다고 증명한다.[6]

그러나 세계화의 위험은 낮게 평가할 수 없다. 만일 세계화가 누구나 경험을 통해 공유된다면 재산, 권위, 교환과 같은 지역적 개념을 더 잘 이해할 필요가 있다. 세계화의 목적은 분명해야만 한다. 번창인가? 아니면 개인적 자유인가?[7] 때때로 세계화와 유동자금의 흐름은 기본적인 자유에 반대하는 환경을 조성하거나, 자유를 반대하는 강한 힘이 될 수 있다. 몇몇 철학자들은 세계화 된 시장과 자유 가치 사이에 조직적인 연결은 없다고 주장하지만, 조지 소로스(George Soros)는 규제가 풀린 자금 시장과 유동 자본이 "흔들리는 진자의 추라기보다 건물해체용 쇳덩어리처럼 움직일 수 있다."라고 했다.[8]

이 거대 정신의 출현 앞에서 교회의 가장 큰 관심사는 무엇이 되어야 하는가? 우리는 그것에 어떻게 양심을 심어 줄 수 있을까? 복음은 이처럼 새롭게 출현하는 세계 거대 정신을 향해 대담한 목소리를 낼 수 있을 것인가?

지역교회는 후기 모던 목회의 초점이었다. 하지만 포스트모던 세계에서, 순수한 지역교회는 생명을 다해 가고, 침체 상태에 빠져간다. 그들의 공간

안에는 아직 완전히 세계적으로 연결이 되어 있지는 않고, 현재 그들 지역에 완전히 뿌리박고 있는, 그러나 선교적 의식을 가지고 있으며 경계가 없는 교회가 출현할 것이다. 이러한 '세계 · 지역적'(glocal) 교회는 공유된 관심사항, 선교여행, 인터넷, 또는 예배 그룹들과 교역자들과 청년 그룹들의 교환을 통해 상호 연결될 것이다.

월드 릴리프World Relief: 세계적인 기독교구호단체의 모토는 이것을 잘 표현한다. "교회를 돕는 교회는 상처를 치유한다." 이러한 관대한 기독교 조직은 필요한 영역에서 섬김을 통해 풍부한 자원을 제공하는 교회들을 연결시켜 준다. 이와 같이 월드 릴리프는 지역에서 세계 · 지역으로 움직이는 교회들을 도와준다.

지역을 넘어선 이러한 정체성이 필요한 것에는 많은 이유가 있다. 예를 들면, 중독자들을 대상으로 사역을 하는 사람들은 중독이 세계적인 문화라는 것을 배우게 된다. 히즈 맨션(His Mansion)을 설립한 스탄 파머(Stan Farmer)는 중독을 네 번째 세상(옛 세상, 새로운 세상, 세 번째 세상, 다음의 세상)이라고 부른다. 네 번째 세상에서 사는 사람들은 그들이 신시내티 주의 변호사이든지 캘커타 주의 노숙자이든지 간에 많은 공통점을 가지고 있다.

보스턴에 있는 포스트모던인들에게 목회를 하는 사람들은 파리나 브라티슬라바 슬로바키아 공화국의 수도-역자주나 나이로비 동아프리카의 케냐의 수도-역자주나 베이징에 있는 사역자들과 유사성을 깨달을 것이다. 옛 지질학의 카테고리는 이 세계화 된 세상에서 점점 더 중요하지 않게 된다.

그러나 교회가 세계 · 지역화 되어야 할 좀 더 심오한 이유가 있다. 환경파괴, 인구과잉, 인종 · 민족 차별, 경제 착취와 같은 지구적 현실이 되어버린 거대한 괴물로부터 숨을 수 있는 곳은 없다. 하나님이 세상을 사랑하신다면, 그리고 우리가 이웃을 사랑한다면, 자녀들이나 우리 자신들은 말할 것도 없이 모든 이웃에게 영향을 끼칠 이러한 지구적 문제에 대해 걱정하지 않을 수 있겠는가? 요셉이 하나님의 인도하심에 따라 애굽의 총리가 되어 지방의 기근 문제를 효과적으로 다룬 것과 같이, 교회는 지구적 현실을 위협하는 위험으로부터 세상을 구하는 자원이 되어야 하지 않겠는가?

G is for Grace
은혜

* 하나님의 관대함과 순전한 아름다움에 관해 말하는 방식. 크리스천 어휘 가운데 가장 중요한 단어.

* 항상 그것이 의미하는 것을 뜻하는 단어 : 인간의 죄와 신의 거룩함을 화해시키는 '무조건적인 사랑과 용서' 의 하나님의 내뻗은 손. 기독교 역사는 가증스런 죄를 놀라운 은혜로 구원하는 구속의 이야기이다.

은혜는 참여를 통해서만 우리를 초대한다. 우리가 하나님의 초청에 참여하지 않는다면, 하나님이 베푸시는 행사는 만족스러운 것이 될 수 없다.

당신이 생각할 수 있는 최악의 상황은 무엇인가? 하나님의 은혜로 당신과 내가 살아가고 있다. 은혜를 통해 당신과 나는 사역하며 섬기는 삶을 살 수 있는 것이다.

내가 가장 선호하는 단어는 – 그것이 놀라운 은혜이든 구속의 은혜이든 불 가운데서의 은혜이든지 간에 – '은혜' 이다.
우리는 우리가 다른 사람이나 다른 환경을 어떻게 대하든지 간에 아름다움에 기여하며 살고 있다.

– 디자이너 첼레스테 쿠퍼(Celeste Cooper)

G

• *Footnote* •

G

1. Ted Peters, *Playing God? Genetic Determinism and Human Freedom* (New York: Routledge, 1997).
2. Kevin Sharpe with Rebecca Bryant, "Genes and predestination: The Cracked Skull," *Science and Spirit* 11 (March/April 2000), 11.
3. 참고. Robin Brooks and Luis Catão, "The New Economy and Global Stock Returns," *IMF Working Paper* 206 (December 2000). 참고. *www.imf.org/external/pubs/ft/wp/2000/wp00216.pdf.* 2001년 4월 10일 접속.
4. '조용한 점령(Silent Takeover)'은 캠브리지 대학의 노레나 헤르츠(Noreena Hertz)가 명한 것이다. 참고. Hertz, *The Silent Takeover: Global Capitalism and Death of the Democracy* (London: William Heinemann, 2001)
5. 대중문화를 다루는 데 두려움이 없는 두 명의 학자는 캘빈 칼리지(Calvin College)의 윌리암 노마노우스키(William D. Romanowski)와 퀀틴 슐츠(Quentin Schultze)이다. 다음을 보라. Romanowski, *Eyes Wide Open: Looking for God in Popular Culture* (Grand Rapids: Brazos, 2001), 그리고 *Pop Culture Wars: Religion and the Role of Entertainment in American Life* (Downer Grove, IL: InterVarsity Press, 1996); Schultze, *Dancing in the Dark: Popular Culture and the Electronic Media* (Grand Rapids: Eerdmans, 1990). Denisoff R. Serge and William D. Romanowski, *Risky Business: Rock in Film* (New Brunsiwck, NJ: Transaction publisher, 1991).
6. David Dollar and Aart Kraay, "Growth Is for the Poor," *www.worldbank.org /research/growth/absddolakray.htm.* 2000년 9월 28일 접속.
7. 후자에 대해 더 많은 정보를 원한다면 다음을 참조하라. John Micklethwait and Adrian Wooldridge, *A Future Perfect: The Essentials of Globalization*

(New York: Crown Business, 2000), 332-43.

8. 존 그레이(John Gray)에 의한 주장이며, 그의 저서에서 인용한 것이다. John Gray, "Does Globalization Bring Liberty?" *TLS: Times Literary Supplement* (17 November 2000), 18.

G

H is for Helix
나선형

* 살아 있는 모든 생물의 모형(模型, model)이며 모양이다. 인간 몸의 3,000-40,000 유전자를 포함하고, 70-100조의 세포가 존재하는 핵산인 DNA의 모델이다.

그것들은 유기적이며 개인에 따라 독특하며, 정밀가공을 하며 비선형이다. 그것들은 아래의 삼각형 그림과 같은 모양이 아니다.

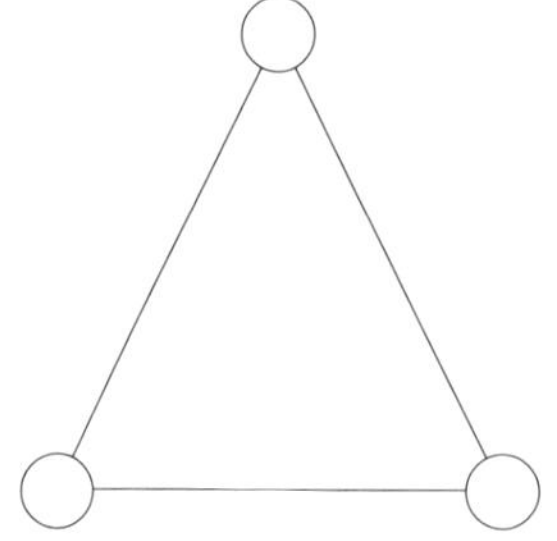

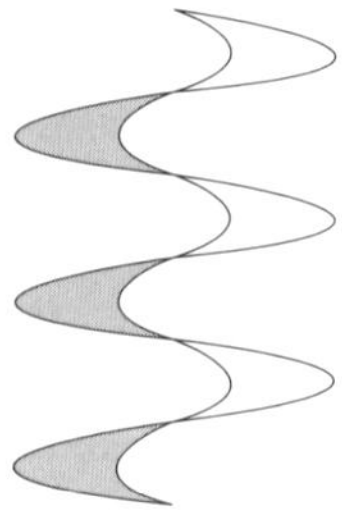

나선 구조에는 알아야 할 것이 4개 있다. 첫 번째는 소용돌이 모양이다. 시간의 움직임과 생명의 움직임은 직선이 아니며 소용돌이 모양이다. 원과 선을 서로 합치시키고, 직선과 비직선을 연결하며, 분석력과 조합력을 연결하고, 과거와 미래를 연결한다. 그렇게 되면, 마침내는 소용돌이로 끝난다. 나선 역학에서 우리가 다음 수준의 도전을 시도하기에 이르렀을 때, 과거의 각 수준은 마치 계속 벗으면 작지만 똑같은 모양이 나오는 러시아 인형처럼 우리 안에서 말려 올라간 채로 남아있다. 나선형은 시간 속에 처음도 끝도 없으며, 과거가 미래 안에서 깊이 새겨지는 것이다.[1)]

두 번째로 알아야 할 것은, '이중 나선'이라는 표현은 잘못된 이름이라는 것이다. 3차원의 나선이야말로 진정한 3중 나선이다.[2)] 우리는 자연, 양육, 선택, 이 세 가지의 조합이다. ['삼단법'(Trialectics) 참조] 당신은 어떻게 새로운 DNA를 만드는가? 아이를 낳아보라. 그렇다면 어떻게 하나님의 DNA를 얻는가? 그것은 바로 그리스도와 성령의 능력 안에서 이루어지는 새로운 탄생을 통하여 가능하다.

세 번째로 알아야 할 사실은 상승했다가 하락할 수 있고, 하락하다가 곧 상승할 수도 있다는 것이다. 그리고 그 차이를 말하기는 어렵다는 것이다. DNA의 2~3%만이 유전자이지만, 나머지 DNA가 대부분의 사람들이 생각하는 것처럼 쓸모없는 DNA라고 할 수는 없다. 단지 아직 우리가 그 가치를 완전히 이해하지 못한 DNA일 뿐이다. 유전적 변이는 두 종류가 있는데, 체세포 치료(질병에 걸린 육체의 세포를 바꾸는 것)와 생식선 변형(생식세포가 변화하는 것으로, 유전될 수 있음)이 그것이다. 후자를 선택하면 상승이 금세 하강이 될 수 있다.

네 번째로 알아야 할 것은 DNA의 이해는 포스트모던 시대의 세계에서 종파적 분리가 종말에 다다른 이유를 우리에게 말해 준다는 것이다. 동종번식(同種繁殖)은 DNA의 퇴화를 보증한다. 새로운 유전자가 개체군(個體群, population pool)으로 들어와야만 한다. ['동일성'(Entropy)/ PALS 참조]

H is for Holarchy 홀라키

우주에는 수직 구조(hierarchy), 평행 구조(heterarchy)가 결합하는 우주 관계의 거미줄과 성스러운 질서가 있다. 그 질서를 '홀라키'(Holarchy)라 부른다.

존경받는 학자 마틴 자끄(Martin Jacques)는 다음의 방식으로 새로운 질서와 옛 질서를 구별한다. 말세에는 세상이 "수직 구조, 확실성, 관료 정치, 동종성(同種性, homogeneity), 계급, 중앙 집중, 그리고 국가"에 의하여 지배된다. 새롭게 출현하는 질서의 특징은 "시장인류평등주의, 불확실성, 다양성, 이중성, 다중정체성, 지방분산, 혼돈"이다.[3]

수직 구조(*Hierarchy*) : 성스러운(*hieros*) 구조 또는 질서(*arche*). 로마 교황청(교회학)과 존재의 대사슬(철학) 안에서 표현된 가장 완벽한 수직적 표현. 가부장 제도, 카스트 제도 그리고 성직 제도 등, 아주 다양한 수직 구조가 있다. 현대의 수직 구조는 가끔 병적(病的)이다. (예를 들면, 목사 - 평신도 수직 구조)

수평 구조(*Heterarchy*) : 다른(*hetero*) 구조 또는 질서(*arche*). 정보 기술(IT) 안에서 볼 수 있는 수평의 복잡한 관계들에 대한 최상의 표현. 수평 구조의 문제점은 적분(integration) 없는 미분(differentiation)이라는 점이다. 즉 수평 구조는 공통의 더 깊은 목적 그리고 조직을 알지 못하는 연결되지 않은 부분들로, 전체가 아닌 단순한 덩어리들이다.[4] 그것은 생명의 다양성이나 복잡성을 적절하게 반영하지 않는다. 클리투스 베셀스(Cletus Wessels)은 "사회 구조는 수평적이지도 않고, 덩어리들이 아니다. 어떤 이들은 다른 사람들보다 거룩에 대해 깊은 의식을 가지고 있고, 다른 사람보다 더 치료하는 힘을 가지고 있는 사람도 있으며, 지도자 자질을 가지고 있는 사람도 있다."[5]

홀라키(*Holarchy*) : '홀론'(*holon*, 전체/부분들)의 질서 정연함(*arche*). '홀론'(holon)이라는 말은 우주 안에서 증가하는 완전도(完全度, level of wholeness)를 설명하려고 아더 쾌슬러(Arthur Koestler)에 의하여 고안되었다. 모든 전체는 한 부분이며 모든 부분은 한 전체이다. 모든 것이 '홀론'이다.

모든 양자(量子, quantum) 체계는 이중 고리(double ring)를 보여준다. 물질이 파동과 입자를 가지고 있는 것처럼, 인간도 입자 성분(개성)과 파동 성분(문화/사회)을 갖고 있다. 우리는 한 개인이면서 사회이다. 우리는 핵심이면서 주변이다. '홀론'은 자기 보존(입자)과 자기 적응(파동) 모두를 포

H

함한다.

우리는 부분이며 전체이다. 모든 자기조직 체계들은 부분이며 전체이다.

H is for Holiness
거룩

거룩은 흔히 우리 스스로 어느 경지까지 도달해야 하는 상태라고 이해된다. 그 상태는 아름다운 요즘 CCM에 반영되어 있다.

> 거룩, 거룩
> 내가 갈망합니다.
> 내가 필요로 합니다.
> 거룩, 거룩
> 당신께서 나로부터 원하는 것입니다.[6)]

포스트모던 시대에 이 찬송의 마지막 줄의 가사는 거룩이 '나로부터' 라기보다는 오히려 '주께서 나를 위해 원합니다' 로 바뀌어야 한다고 말하고 있다. 즉, 거룩은 하나님을 위해 우리가 도달해야 하는 완벽한 상태가 아니라, 우리를 위해 하나님께서 주시는 선물임을 강조해야 한다. 하나님의 선물은 찬송에서 이야기하는 것처럼 가치 있는 것이고 우리가 참으로 갈망해야 하는 것이다.

그렇다면 거룩은 무엇인가?

우리는 '워드퍼펙트' 라 불리는 소프트웨어를 사용하여 이 책을 (부분적으로) 쓰고 있는데,

질문 : 만약 '워드퍼펙트' 가 진짜로 완전하였다면 지난 5년 동안 '워드 퍼펙트' 5.0에서 '워드퍼펙트' 9.0으로 업그레이드되었어야 할 정도로 많은 기능 향상이 필요했겠는가?

질문 : 완전과 거룩 사이의 관계는 무엇인가?

거룩에 대한 질문은 예수님의 산상수훈의 핵심 주제인 것처럼 보인다. 바리새인들은 완전, 의, 거룩을 옹색하고, 제한된, 생명 없는 방법으로 정의했다. 모든 것에 완벽하셨던 예수님(막 7:37)은 완전과 거룩에 대한 바리새인들의 완전치 못한 이해를 향상시키려고 노력하셨다. 예를 들어 예수님께서 "하늘에 계신 아버지가 완전한 것처럼 너희도 완전하라."라고 말씀하셨을 때, 이 말씀을 그 앞 절과, 또 누가복음의 병행절과 비교해보면 예수님은 단순히 완전한 법률적 준수를 지시하신 것이 아님을 알 수 있다. 이보다는 하나님께서 그러셨던 것처럼, 자비하고 긍휼하라는 요청의 메아리라고 할 수 있다.

거룩은 또한 예수님을 따라서 금기(禁忌)를 제거하는 것, 그 이상의 의미가 있다. 하늘에 계신 당신의 아버지는 깊은 자비로 가득 차고, 긍휼하심을 베푸시며, 충만히 발전된 사랑의 완전으로서 완전하시다. 다시 말하면, 하나님의 거룩은 말의 완전, 법적 완전을 능가하는 사랑의 완전으로 다가간

다. 거룩은 단순히 분리됨이 아니라 함께함이다. 왜 함께해야 하는가? 완전한 사랑의 생활을 위해서이다. 거룩은 완전한 사랑의 생활이다.

원래는 아람어로 쓰였던 예수님의 말씀을 번역할 때, 마태는 '미학' 이라는 단어를 그리스말 "텔레이오스"(*teleios*)를 선택하여 번역하였다. "텔레이오스"는 "완전한, 기뻐하는, 완전을 이루는, 궁극적인 완성과 완전한 실현에 도달하는"을 의미한다. "만약 당신의 거룩이 완전하지도 않고 완벽하지도 않으며 사랑과 동정과 자비를 포함하기에 충분히 성숙되지 않았다면" "너의 완전은 참으로 완벽하지 않고 중대 기능향상이 필요하다."라고 예수님께서는 말씀하신다.

마벨 보그스 스위트(Mabel Boggs Sweet)는 "선함은 항상 최선의 가장 나쁜 적이다."라고 말하였다. 따라서 선함은 선함만으로 충분하지 않다. 정말로 충분히 선하다고 해도 아직 충분하지 않다.

창조 이야기 안에서 하나님께서 여섯 번째 날에 자신이 만드신 것을 보시고, "심히 좋았더라."라고 말씀하신 것을 알 수 있다(창 1:31). 그러나 심히 좋다는 것으로는 충분치 않다. "심히 좋다"라는 말은 모든 것을 거룩하고 완전하게 만드는 일곱 번째 날이 있어야만 한다. 여섯 번째 날의 "매우 좋다"라는 말은 모든 것을 거룩하게 만들었던 거룩한 일곱 번째 날의 완전을 필요로 하였다.

그래서 "심히 좋다"라는 말조차도 충분치 않다. 단지 거룩만이 충분한 선함이다. 그리고 그 거룩을 발견하기 위해 하나님이 하셨던 것을 할 필요가 있다. 우리가 기술적으로 완전해지기 위해 더욱더 큰 압력 아래에서 더 많이, 더 열심히, 더 길게 일을 하는 것이 아니라, 오히려 하나님이 하셨던 것처럼 휴식을 취하고, 안식할 필요가 있다.

우리가 거룩을 위해 완전한 사랑의 삶의 언어를 사용한다는 의미는, '워드퍼펙트'의 완전과 같이 우리의 완전은 종료되지 않으며 진행 중에 있다는 것이다. 우리에게 완전은 종착지가 아닌 지속적인 기능향상의 과정이며 행동방침이다. 완전한 사랑은 흠이 없는 행동이 아니라 신성한 목표이다. 완전은 성숙과 성실과 관계의 질이지, 단순히 흠 없는 도덕성이나 무죄함의 극치가 아니다. 하나님이 완전하신 것처럼 우리가 완전해야만 한다는 이야기는 하나님이 완전히, 철저히, 전적으로, 전체적으로 사랑하시기 때문에 우리도 서로 철저히, 전적으로, 전체적으로 사랑해야만 한다는 것을 말하는 것이다.

> 악마야, 네가 하는 일을 조심하라.
> 나는 왕의 대로, 거룩한 길에 있으니
> 너는 너 자신을 돌보라.
>
> – 존 번연(John Bunyan)의 '천로역정', 1부

우리는 모두 왕의 거룩한 대로에 있는 순례자들이다. 포스트모던인들은 거룩함에 주려 있고 정의를 갈망하고 있다. 더 좋은 완전, 더 좋아지는 완전, 더 좋은 사랑을 하는 완전을 갈망하고 있다. "그것은 이것보다 더 좋을 수 없다."라는 말은 완전한 삶을 사는 것과 동일하다.

그래서 거룩은 온전함이며, 완전히 사로잡힌 마음이다. 거룩의 교리는 이렇다. 만약 당신이 예수님의 제자가 되려 한다면 모든 길을 가는 제자가 되어라. 하나님은 우리에게 "모든 길을 같이 가자고" 부르신다. 당신의 모든 것을 하나님께 드리지 않는 것은 하나님을 거절하는 형태는 아닌가? 제자의 신분으로, 가장 높고 깊은 수준을 목표로 나아가라. 충분히 선해지기를 멈추지 말라. 당신 자신이 완전히 믿음 안에 과감히 들어가도록 하라. "온전한 사람이 되어서, 그리스도의 충만하심의 경지에 다다를 때까지" 만

족하지 말자(엡 4:13). 최고의 목적을 위해 당신의 달란트를 사용하는 것이 당신의 열망이 되도록 하라. 온 마음의 거룩 외에는 다른 어떤 것에도 만족하지 말라. 하나님은 우리의 유전자들과 자극을 암호화하였는데, 그 유전자에는 우리가 사용하고 탐험해야만 하는 능력과 꿈이 있다. 또한 요한 웨슬리 기념일에 사람들이 표현한 것처럼, 하나님이 당신을 참된 기독교인으로 만들려는 만큼, 참된 기독교인이 되는 것을 목표로 삼아라.

복음은 우리가 거룩한 삶을 살도록 요청한다. 복음은 우리가 가능하다고 생각했던 삶보다, 평범한 삶보다 더 광대한 삶을 살도록 요청한다.

H is for Holocaust 홀로코스트

* 시간이 멈추고, 모던성이 붕괴되고, 한 번도 역사적으로 똑같은 일이 없었던 사건. 아우슈비츠(Auschwitz)는 이성이 쉽게 사람을 배반할 수 있음을 보여주었다. 히틀러의 선전부 장관 조세프 괴벨(Josef Goebbels)은 철학 박사 학위를 받았다. 아우슈비츠 이후에 사람들은 과학적 합리주의를 점차적으로 지지하지 않게 되었다. 조직적 합리성에 대한 계몽운동의 거대 담론(metanarrative)의 중심부가 노출되었을 때, 죄-병(sin-sick)과 영혼까지 죽이는 병(sick-unto-death soul)이 밖으로 줄줄 흘러나왔다. 인종 청소 일을 멈추고 바흐(Bach)에게 귀를 기울였던 나치 집단 수용소 벨젠(Belsen)의 사령관들은, 예술과 과학 모두가 잔학행위와 폭력의 도구가 될 수 있음을 보여주었다.

몇몇 사람들이 암흑운동(Endarkenment)으로서의 계몽운동(Enlightenment)에 관하여 이야기해 왔다. 이 계몽운동은 영성을 추방하고 합리주의를 왕좌에 앉히는 초기 모던 운동이었다. 그 시기는 우리가 똑똑하게 되는 때가 아니라 멍청이가 되는 때였다. 계몽운동의 합리주의는 인간성을 억눌러 침묵시켰으며, 인간 본성을 깨어나게 하였다. 철학자 쟈끄 데리다(Jacques Derrida)는 우리는 계몽운동에 관하여 계몽되어야만 한다고 이야기하였으며, 그는 옳았다.

실제로 포스트모던이 '계몽' 이라는 말을 사용할 때, 그것은 일반적으로 그 말 앞에 '영적' 이라는 말을 갖고 있으며, 거의 실제적으로 '계몽' 이 모던인들에게 해왔던 것의 반대를 의미한다.

> 우리의 도박은 우리가 계몽주의에 관하여 더 많이 알수록 종교는 더욱 말참견을 하게 될 것 같다는 것이다.
>
> – 존 카푸토와 미쉘 스캔론7)

포스트모던인들에게, 영적인 계몽은 20세기를 통해 우리 행성 위에 중간 정도 내려온 무섭고 이해할 수 없는 어둠에 관해, 냉정하고 가슴 터질 반성을 요구한다. 수백 년 동안 지속될 어떤 종류의 회개, 즉 문명의 광범위한 집단적 회개를 요구하는 것이다. 이후에 대량학살이 다시는 반복되지 않도록 하는 가장 확실한 방법은 회개하면서 614번째 계명, 곧 "결코 잊지 말라. 결코 잊지 말라. 결코 잊지 말라."를 반복하는 것이다.

홀로코스트와 더불어 현대 사회의 다른 비극들, 즉 노예무역에서 원주민에 대한 인종 청소, 스탈린(Stalin)에서 폴 포트(Pol Pot), 환경 약탈에서 대량 멸종까지를 기억해야 한다. 미국 원주민들은 백인들과 333개의 조약을 맺었다. 그 333개의 조약은 모두 깨졌다. 모던성의 성공으로부터 이익을 얻은 우리는 반대로, 모던성의 악을 느끼고 한탄해야만 한다. 적당히 반성하는 것으로 참된 영적 계몽을 바라보기는 어렵다.

H is for Hugs
포옹

생존을 위해서는 하루 4번의 포옹이, 관계 유지를 위해서는 8번의 포옹이, 성장을 위해서는 12번의 포옹이 필요하다는 연구 결과가 있다.[8]

문화가 더욱 첨단 기술화 될수록 포옹의 숫자는 늘어날 것이다.

포스트모던인들이 가정에서 그리고 세상에서 '사랑의 영양 부족인 삶'[9] 가운데 성장한다면, 그들은 교회에서 '영양 부족의 사랑의 삶'을 묵인하지 않을 것이다.

Footnote

H

1. '고대미래(ancientfuture)'의 개념에 대해 더 많은 정보를 원한다면 다음을 보라. Leonard Sweet, *FaithQuakes* (Nashville: Abingdon Press, 1995); Gerard Kelly, *RetroFuture: Rediscovering Our Roots, Recharting Our Routes* (Downers Grove, IL: InterVarsity Press, 2000); Robert Webber, *Ancient-Future Faith: Rethinking Evangelicalism for a Postmodern World* (Grand Rapids: Baker, 1999); Jeffrey C. Pugh, *The Matrix of Faith: Reclaiming a Christian Vision* (New York: Crossroad, 2001).
2. Victor G. Henigan, *The Triple Helix: A Harmonic: Interpretation of Reality* (Bloomington, IN: First Books Library, 1997). 싱서직 관점으로부터 Richard C. Lewontin, *The Triple Helix: Gene Organism and Environment* (Cambridge, MA: Harvard University Press, 2000)을 보라.
3. Martin Jacques in *The Oxford Companion to politics of the World*, 2d ed., ed. Joel Krieger (New York: Oxford University Press, 2001).
4. Ken Wilber, *Sex, Ecology, Spirituality: The Spirit of Evolution* (Boston: Shambhala, 2000), 21.
5. Cletus Wessels, *The Holy Web: Church and the New University Story* (Maryknoll, NY: Orbis Books, 2000), 133.
6. Scott Underwood, "Holiness," as Found on the sound recording *Holiness, Why We Worship* 2 (Vineyard Music Group, 1998), YMD9280.
7. John Caputo, Michael Scanlon, eds., *God, the Gift, and Postmodernism* (Bloomington: Indiana University Press, 1992), 2.
8. Judith Weisberg and Maxine R. Haberman, "A Therapeutic Hugging Week in a Geriatric Facility," *Journal of Gerontological Social Work* 13 (1989), 181-86에서 재인용.
9. Wiliam Mahedy and Janet Bernardi, *A Generation Alone: Xers Making a Place in the World* (Downers Grove, IL: InterVarsity Press, 1994), 96.

H

성상(聖像)에 대한 짐 포레스트(Jim Forest)의 정의는 "이미지와 색으로 쓴 신학"이다. 러시아의 도상학자(圖像學者, iconographer)이자 수도승이고, 프스코브(Pskov) 가까이에 있는 동굴 수도원의 외부에 성화를 그린 지논(Zinon) 신부는 성상을 "거룩한 문"이라고 불렀다.[1]

포스트모던인들은 상징의 힘을 다시 발견하였다. 상징은 세상에 대한 이해와 경험들을 중재하는 두꺼운 본문이다. 상징은 건강한 영적 생활을 위해 꼭 필요한 것이다.[2] 오늘날 대부분의 사람들이 상징과 은유를 가지고 소통한다. 새롭게 출현하는 문화에서 중재 구조는 은유와 상징, 특히 상징이 성상에 의해 대체되고 있다.

도상(圖像, iconography)학의 힘은 무엇인가? 위티즈 시리얼(Wheaties Cereal)에서 밀을 재배하는 농부들은 타이거 우즈(Tiger Woods)가 자신의 사진을 붙여 받은 액수의 절반밖에 벌지 못한다.[4)]

> 영적 실재는 상징을 통하지 않고는 다른 방법으로 설명되지 않는다.
>
> – 레오니드 우스펜스키[3)]

모든 가정에는 성상의 자리가 있다. 성상의 자리는 값비싼 자동차가 있는 주차장, 거실 안의 엔터테인먼트 센터, 큰 액수가 예금된 은행통장 등일 것이다.

교회는 사람들로 하여금 성상의 장소 – 기도, 예배, 시각적 명상을 위한 진정한 중심 – 가 올바른 곳이 되도록 하고, 그릇된 성상을 경배하려는 유혹에 빠지지 않도록 도와야 한다.

성상을 찾기 위해서 밖으로 가 보아라. 가난한 자들과 누추한 자들의 얼굴에서 예수님을 찾아라. 다른 모든 사람 속에 있는 하나님의 이미지를 찾아라.

우리 하나 하나 모두는 성상이며, 하나님의 이미지와 형상을 따라 창조되었다.

아프가니스탄의 탈레반(Taliban)은 자기들의 성상파괴사상(iconoclasm)에 따라 3000년 예술의 역사를 파괴하였다. 이 파괴로 인해 성상은 꼴사나운 모습이 되었으며, 파괴적이고 위험한 광신주의를 보여주었다.

성상이 된 상징은 공유된 경험과 더 큰 의미와 연결된다. 곧 상징은 일반적으로 승인되는 영화 평가점수(film score), 영화의 단편, 사진 이미지, 컴퓨터 그림기호(icon),

> 기독교는 하나님 말씀의 계시일 뿐 아니라 그의 형상을 드러내는 하나님 상(image)의 계시이다.
>
> – 레오니드 우스펜스키[5)]

볼 캡(ball cap) 위에 등장하는 상징들과 우리를 연결시킨다. 이 상징은 우리에게 "곧장 실천하라"는 메시지를 전달한다.

I is for Image-Rich 이미지-풍요

교회가 이미지에 대한 문제를 가지고 있다는 사실은 계속적으로 이야기되어야 할 필요가 있다. 이미지가 문화적인 일상어로서 말을 대체하는, 이미지 중심의 문화 안에서,[6] 요즘의 교회는 지나치게 로고스(Logos) 중심적이다. 즉 말에 기초하며, 이미지를 두려워한다. 그리고 교회 자체가 이미지-풍요의 혈통에서 소외되어 있다. 지나치게 로고스 중심적인 교회의 태도는 오늘날 어린아이들조차 놀라운 시각적 환경 안에서 교육받고 있다는 사실과 너무나도 대조적이다.

물론 말은 마음을 만족시키고, 마음을 울리며 두드린다. 그러나 원리나 요점들이 모던을 위해 있는 반면에, 은유와 이미지는 새로 출현하는 문화 안에서 포스트모던을 위해 있다. 요즘 시대에서 이미지란 이야기이며 말은 그저 선언적 표현("이것을 보라!", "이것이 어떻게 작용하는지를 보라!")이다. 이제는 말이 이미지를 보충한다. 즉 말은 스스로 이미지를 만들지 않는다. 글보다는 시각적 아이디어들이 오늘날 이야기의 주를 이룬다.

은유는 포스트모던 문화의 주인이며, 지도자들은 사람들에게 죽음보다는 생명을 제공하는 뛰어난 은유를 제공하여야 한다. 버지니아 울프(Virginia Woolf)는 예이츠(Yeats)에 관하여 이렇게 말하였다. "우리가 약간의 문제를 가지고 그를 어디에서든 멈추게 해도 그는 분수와 같이 생각을 뿜어내었다."[7] 포스트모던인들을 어디서건 멈추게 해보라. 그러면 그들은 이미지의 세찬 분수를 뿜어 흘러나오게 한다.

우리는 은유와 더불어 살아가고 있다. 은유는 마음의 일상 언어이다. 시인과 예술인들의 분야이기도 하고, 마음이 생각하는 방식이기도 하며, 우리의 생사을 동물 세계의 언어 및 사색과 구별해주는 기준이 되기도 한다. 심지어 우리 시대의 유명한 언어학자 중 하나인 조지 라코프(George Lakoff)는 이성은 이미지에서 나온다고 주장하였다.

> 전통적 관점에서 이성은 추상이며 실체가 없다. 새로운 관점에서 이성은 육체의 기반을 가지고 있다. 전통적 관점은 이성을 문자적으로 이해하였으며, 객관적으로 참 혹은 거짓일 수 있는 명제로서 주로 이해하였다. 새로운 관점은 이성의 상상적인 양상 – 은유, 환유, 심상 – 을 문자들에 대한 불필요한 부속물로 받아들이기보다는 오히려 이성에 대한 중심으로 받아들인다.[8]

비유는 현실의 사물이다. 비유는 마음의 마법이며 집중력 위에서 파도치는 뇌를 변화시키는 마법의 지팡이이다.[9] "잘 논증하는 재주보다 다르게 이야기하는 재주가 중요한 변화의 수단이다."라고 철학자 리처드 로티(Richard Rorty)는 주장하였다.[10]

역사 속에서 위대한 전달자들은 은유라는 마술의 묘기를 사용하곤 하였

그는 보이지 않는 하나님의 형상(*ikon*)이시요, 모든 피조물보다 먼저 나신 분이십니다.
– 골로새서 1:15

다. 모든 시대에 있어 가장 위대한 예수님은 비유 – 이미지가 기초인 이야기의 형태 – 없이 대중 앞에서 이야기하지 않았다. 단테(Dante)는 아직까지 우리를 괴롭히는 지옥과 연옥과 천국의 실제적인 그림을 만들었다. 최근 모던문화에서 남부 복음성가의 놀라운 성장은 부분적으로 예수님 중심의 초점, 빌(Bill)과 글로리아 게이더(Gloria Gaither)의 타고난 소질, 남부 복음의 종족적 모습("오 형제여! 너는 어디에 있는가?"), 성서적 진리를 나르는 은유와 이미지를 사람들에게 친밀하고 독창적으로 사용하기 때문이다. 유사하게, 스티븐 코비(Steven Covey)와 같이 7개의 요점과 11개의 원리들에 관한 현대 거장들의 성공은 부분적으로 생생한 은유를 사용했기 때문이다. (보기: "톱을 날카롭게 하는 것," "속에 있는 불" 등) 로스앤젤레스의 목회자 어윈 맥머누스(Erwin McManus)는 여러 문화와 여러 세대가 섞여 있는 선교적 교회에서 어떻게 성공하였는가? 그는 모자이크 교회(Mosaic Church)의 선교와 가치를 구체화하기 위해 언어만 사용한 것이 아니라 생생한 이미지를 노련하게 끌어들였다. (보기: "대부분의 교회는 '영적 폭탄의 피난처' 이다." "당신이 더러운 세상 만지기를 거절한다면 당신은 더러운 세상의 다리를 씻길 수 없다." 등)[11]

대부분의 현대 개신교회가 그들의 벽을 꾸미지 않은 채로 놔두거나 단지 성서의 재앙에 관한 말들로 꾸몄지만, 텍사스(Texas)의 웨이코(Waco)에 있는 대학침례교회(University Baptist Church)는 그들의 예배공간을, 이미지적으로 볼 때 완전한 감성을 자극하는 예술적 기교를 동원해, 성상에서 십자고상(十字苦像) 및 환하게 색칠된 벽으로 가득 채웠다.

모던 설교가들은 설교문을 요점과 부차적 요점을 갖는 분석적 윤곽으로 구체화하고, 두운(頭韻, alliteration) 법칙을 사용하며 대구법(對句法, parallelism)으로 강조한다. 이 법칙들이 말에 관한 전부이다. 반면에 포스트모던 설교가들은 생생하고 잊을 수 없으며 깊은 이미지들, 예를 들어 터진 고기그물, 포도가 열린 포도나무, 낚아채는 까마귀, 쉬고 있는 참새, 순진한 왕 그리고 용감한 과부 같은 이미지들을 고안하고 발견하기 위해 생각에 잠기고, 꿈꾸고, 추구하면서 앞뒤로 오간다.

당신이 지닌 IQ(인터넷 지수)의 높고 낮음은 미래의 성공과 실패를 부분적으로나마 결정할 것이다.

포스트모던인들은 자연스럽게 높은 IQ(인터넷 지수)에 도달한다. 웹은 그들이 당연하다고 생각하는 생활을 위한 완전하고도 새로운 토대가 된다. 모던인들은 인터넷이 발명되기 전에 태어났기 때문에 인터넷은 모던인을 위한 기술이다. 책이 모던인들을 위한 기술이 아닌 것과 마찬가지로, 인터넷은 포스트모던인들을 위한 기술이 아니다.

인터넷은 포스트모던 문화 안에서 사회 변화를 이끄는 강력한 운전자이다. 예일 대학의 컴퓨터 과학 교수이며, 유니바머(Uni-Bomber, 편지폭탄)의 희생자인 데이빗 겔런터(David Gelernter)는 인터넷이 어떻게 사람을 바보로 만드는지 정확하게 관찰하였다.[12] 인류의 문화에서 인터넷의 영향을 과대평가 하는 것은 지나치게 보일 수 있다. 그러나 사실 학습의 역사에서 세 개의 위대한 발명이 있었다. (1) 주전 8세기 그리스 알파벳의 발명, (2) 주후 15세기 인쇄기의 발명, 그리고 (3) 20세기 후반 인터넷의 발명이 그것이다.

웹은 전자우편, 인스턴트메시지, 파일공유(Napster, Groove), 그리고 다른 많은 새로운 온라인 기능을 갖는 인터넷의 사용양식이다. 미국의 인터넷 사용자들 중의 20%는 종교적이고 영적인 정보를 온라인으로 얻는다. 이렇게 정보를 얻는 방식은 인터넷 사용자의 18%가 사용하는 온라인 은행업무나 15%가 사용하는 온라인 경매보다 인기가 좋다. 오늘날 사람들은 그들의 오프라인 생활을 대체하기 위함이 아니라 오프라인 생활을 확장하고 풍요롭게 하기 위해서 온라인 생활을 한다. 지구의 디지털 네트워크 중 어떤 것에는 모던인들이 이해할 수 없는 것이 있다. 그 네트워크 안에는 풍요로운 사회적 관계가 있다. ['범주적 제국주의' (Categorical Imperialism) 참조]

만약 교회가 그들의 낮은 IQ(인터넷 지수)를 높여야 한다면, 배움과 신앙계발을 위한 새로운 체계로서 인터넷에 열린 마음을 가져야 한다. 가상의 장소뿐만 아니라 현실의 장소를 받아들이도록 하기 위해 성스러운 장소인 우리의 건축물을 확장해야 한다. 교회는 모든 사람이 다음 천년에 살아갈 사회적 장소의 건축물을 설계하는 데 도움을 줄 것인가? 교회는 사람들이 인터넷의 5P, 곧 치안유지(policing), 호색(pornography), 사적 자유(privacy), 보호(protection), 자산(property)에 대해 어떤 역할을 할 것인가?[13] 교회는 '글로벌 마을' 로서의 인터넷 혹은 '글로벌 시장' 으로서의 인터넷에 손을 들어줄지 혹은 둘 다 인정할지를 결정하는 데 도움을 줄 것인가?

> 때때로 우리는 여기저기 다니지 않으려고 네트워크를 이용할 것이다. 또한 여전히 우리는 정보교환을 위해 여기저기 종종 다닐 것이다.
>
> – 윌리엄 미첼[14]

많은 교회들은 온라인 주보 혹은 심방카드와 같은 기능을 하는 웹 사이트를 올리면서 인터넷 세계 속에 발을 담그려고 한다. 이것은 시작에 불과하다. 그러나 온라인이나 매일 전자우편으로 보내지는 묵상글들은 어떤가? 교회 건물 혹은 거실이 아니라 온라인 대화방(chat room)에서 만나는 작은 모임들은 어떤가? 또한 신용카드를 이용한 온라인 헌금이나 온라인 교인은 어떤가? 볼티모어(Baltimore)에 있는 교회에 캘거리(Calgary)에 사는 교인이 올 수는 없는가? 온라인상에서 실시간으로 혹은 파일을 다운로드를 받아서, 예배에 기쁘게 참여하면서 볼티모어 교회의 교인이 될 수 있지는 않을까? 온라인으로 교회소식을 항상 듣고, 교인으로써 투표하고, (아마도, 11개국의 교인들이) 모임에 참여하는 볼티모어 교회의 교인이 될 수 있지는 않을까? 온라인으로 십일조를 내고, 온라인으로 전도여행 참여 신청을 하고, 수련회에 직접 참여하기 위해 온라인으로 표를 예약하는 볼티모어 교회의 교인이 될 수 있지는 않을까? 온라인은 서로 마주보는 시간과 실제의 포옹이 일어나는 장소이다. 이러한 형태의 교인은 전통적인 오프라인 환경 안에서 97%의 뜨내기 교인보다 더 열정적이며, 인격적이며, 고마움을 안다.

만약 우리가 우리의 IQ(인터넷 지수)를 더 발전시킬 준비가 되어 있다면 아마도 우리는 다음과 같은 질문을 할 것이다. 언제 목회현장에서 배출된

젊고 유망한 지도자를 그만두게 하지 않고 신학교에 가서 이론적인 목회 훈련을 받도록 할 것인가? 몇몇 신학교가 그 방법을 선도하는 중이며, 사람들에게 현재 온라인 목회학 과정을 제공하고 있다. 그 과정에서 사람들은 자기들의 환경에서 최전선 목회를 할 때조차, 온라인상에서 다른 학생들과 함께 훈련받고 자원을 지원받으며 연결될 수 있다.

이들 온라인 신학생들은, 예수님의 제자들이 행한 것처럼 삶의 한 가운데에서 말을 타고 일을 배우는, 전문적 목회를 위한 최적의 후보자라고 할 수 있지 않을까? 그리고 그들이 온라인에서 연구하고, 상호작용하고, 읽고, 토론한 것만큼, 실제 삶의 경험을 하고 현재까지의 실적을 기록하는 전문적 목회를 위한 최적의 후보자들이라고 할 수 있지 않을까?[15] 그 누구도 이것이 양자택일의 문제라고 말하지 않는다. 현장의 흥미진진한 조합과 단기집중은 계속되는 온라인 훈련경험과 잘 조합될 수 있다.

흥미진진한 새로운 가능성들은 우리의 IQ(인터넷 지수)가 개선될 때 눈앞에 나타난다.

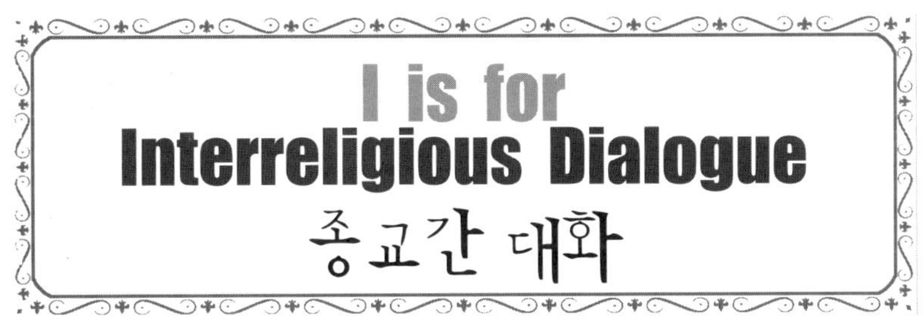

I is for Interreligious Dialogue 종교간 대화

1999년 2월, 클린턴(Clinton) 대통령은 워싱턴에서 열린 대통령 조찬기도회에 팔레스타인 해방기구(PLO) 의장인 야세르 아라파트(Yasir Arafat)와 함께 참석했다. 복음주의적 기독교인들은 이 일로 인해 클린턴이 저지른 죄의 목록에 죄 하나가 더 덧붙여진다고 생각했다. 과연 그런가? 혹 그것이 종교간 대화의 필요성을 보여주는 것은 아닌가? 그것은 진리와 정의의 추구 안에서 다른 종교들을 동역자로서 인정하는 것은 아닌가?

시인 데니스 레버토브(Denise Levertov)의 "잘라지는 기둥"은 우리에게 두 가지 이웃을 상상하게 한다.

> 네 집, 나의 집, 친하게 마주보고
> 너와 나를 상상하자.
> 서로 만나서
> 선물을 건네며, 소식을 전하자.[16)]

21세기에 종파를 초월한 연결은 서로 선물을 공유하며 우주를 탐험하고 새로운 방법을 찾는 이웃들 같을 것이다.

우리는 비기독교인들과 적대 관계에 놓이지 않는다. 우리가 무슨 이유로 비기독교인과 적대적인 관계를 가지겠는가? 다른 종교를 존경과 관대함으

I

로 대할 수는 있지만 그러기 위해 나의 신앙을 양보할 필요는 없다.

달라이 라마는 만약 기독교인이 불교에서 어떤 것을 배우려 한다면 기독교인은 그들이 더 좋은 기독교인이 되기 위해 배우는 것이라는 것을 강조하라고 조언한다. 그는 사람들이 다른 종교적 전통들을 최소공통분모의 과일 샐러드 속에 섞으려고 시도하지 말라고 촉구한다.[17]

1998년에 바티칸이 주최한 아시아인 감독 종교회의에서 말레이시아, 싱가포르, 부루나이의 주교들은 교회가 다른 종교와 대화함으로 배울 수 있는 목록을 작성했다. 단지 우리가 아주 겸손히 호의로 받아들인다면, 그들이 작성한 목록에는 우리가 다른 종교에서 받아들일 수 있는 장점들이 나열되어 있다.

> 교회는 이슬람교에서 기도와 금식과 자선을 배울 수 있다.
> 교회는 힌두교에서 묵상과 관상(觀想, contemplation)에 관하여 배울 수 있다.
> 교회는 불교로부터 삶에 대한 존경과 물질로부터의 초월에 관하여 배울 수 있다.
> 교회는 유교로부터 어른에 대한 존경과 효심에 대하여 배울 수 있다.
> 교회는 도교로부터 단순성과 겸손에 관하여 배울 수 있다.
> 교회는 정령 숭배로부터 자연에 대한 존경과 숭배 그리고 추수에 대한 감사를 배울 수 있다.
> 교회는 타종교의 다양한 예배 안에 존재하는 풍부한 상징과 의례로부터 배울 수 있다.[18]

바울은 피조물과 자연, 타종교에까지 그것들 안에 있는 하나님의 계시를 믿었다(롬 1:19 이하; 행 14:17; 17:24 이하). 피조물 안에서 발견되는 진리가 있다. 다른 종교 안에서 발견되는 진리가 있다. 하나님은 피조물을 통하여 현존하신다. 웨일스(Welsh)의 사제이자 시인인 R. S. 토머스(Thomas)는 이렇게 썼다.

다른 성육신들은
자연스럽게 주위와 조화하고
세포에게 생기를 부을 때,
자신을 깨닫는다.[19]

성서학자 N. T. 라이트(Wright)는 다른 종교에서 발견되는 진리는 없다고 하는 관념은 성경적이 아니라고 주장했다. 그는 "골로새서 1장 16절은 창조된 세계와 잘 조화하는 모든 철학과 종교는 그 조화로 인해 어떤 방식으로 하나님의 진리를 반영하고 있다는 것을 암시한다. 그러나 그 철학과 종교들이 새로운 창조로 들어가는 출입구라는 것을 의미하지는 않는다. 골로새서 1장 18절에 따라, 그 출입구는 오직 그리스도에게 속해 있다."라고 말했다.[20]

> 동방 정교회 기독교인은 다른 세계의 종교에 의하여 만들어진 모든 진리에 대한 주장이 거짓이라고 생각할 논거를 갖지 않았다. 단지 그 주장들이 기독교의 진리에 대한 주장들과 조화되지 않는다는 논거를 갖고 있다.
>
> – 철학자/신학자 윌리엄 랜 크랙[21]

종교간 대화는 복음전도를 배제하지 않는다. 절대 그렇지 않다. 오히려 종교간 대화는 온화함과 존경(벧전 3:15)의 영(靈, spirit) 안에서 복음전도가 가능하도록 한다. 대화 안에서 모든 대화자들은 다른 사람의 헌신을 존경하면서 회의 탁자로 그들의 종교를 불러들인다. 우리의 견해를 주장하지 않을지라도 그곳에는 이야기할 것들이 있다.

아마도 어떤 사람은 말할 것이다. "내 이웃에 힌두교인이 있지만 그들은 그렇게 나쁘지 않다." 혹은 더 좋게 말하기도 할 것이다. "그들은 선한 사람들이다." 그것은 대화가 복음전도를 배제한다는 것을 의미하지 않는다. 왜냐하면 선한 사람은 그리스도를 필요로 하기 때문이다. 우리는 그리스도가 어떻게 위대한지 선한 사람들에게 이야기할 수 있다. 선한 사람 안에 살아 계신 예수님과 함께, 그들이 얼마나 더 좋을 수 있는지 선한 사람들에게 이야기할 수 있다.

만약 당신이 관대함과 존경으로 다른 종교의 사람들을 대하지 않는다면, 당신이 그들로부터 선물받기를 거절한다면, 당신은 이웃 혹은 그리스도를 존경한다고 생각하지 말라. 당신은 그 반대로 행하는 중이다. 그리고 만약 종교간 대화가 당신이 다른 종교의 사람에게 선물할 수 없다는 것을 의미하거나 그리스도의 추종자인 당신과 연합하는 초대를 다른 사람에게 제공할 수 없다는 것을 의미한다고 생각한다면, 그때는 제발 다시 생각하라.

I is for Intersubjectivity 상호주관주의

객관주의는 계몽 운동적 양식이지만 인식론적 환상이다. 객관주의의 가정은 지식에 접근하는 비교적 최근의 방식이다. 이 가정은 과학적 형태로 얻어진 경험적 지식이 인식자(認識者, knower)나 그 인식자 자신이 갖고 있는 가치와 상관없이 세상을 설명하거나 인식자를 구경꾼으로 만드는 방식으로 설명한다.[22] 이것은 수학자 고트로브 프레게(Gottlob Frege), 물리학자 워너 하이젠베르크(Werner Heisenberg), 철학자 버트란드 러셀(Bertrand Russell)과 루드뷔그 비트겐슈타인(Ludwig Wittgenstein), 형이상학자 알프레드 노트 화이트헤드(Alfred North Whitehead)와 같은 사람들에 의한 논리, 그리고 고대의 그리스 철학자 엘리(Elea)의 제논(Zeno)이 쓴 작품인 '제논의 역설'(Zeno's paradox)에 기초한다. 위의 사람들 모두에게 객관주의자의 논증의 무력함을 증명하는 것은 불가능하다. 왜냐하면 사람은 어떤 것에 관해 객관적일 수 없으며, 단지 주관적 관점으로부터 오기 때문이다.[23]

만약 많은 기독교인들이 계몽주의에서 출발한 모던사상에 의해 세뇌당한 것을 의심한다면, 그들이 객관적 진실에 관하여 어떻게 느끼는지를 물어보라. 그들은 객관적 진실의 개념이 복음 그 자체인 것처럼 말할 것이다. 또한 객관적 진실에 관한 맹렬한 비난을 그들이 주관성이라고 부르는 것에 대한 굴복으로 자주 이해할 것이다. 이러한 방법으로 자신들의 실재를 보여주는 바로 그 방식 안에서, 그들은 스스로가 모던의 함정에 빠졌다는 것을 보여준다.[24] 그들에게 실재는 두 가지 범주, 곧 개인적이지 않은 객관적 범주(선한 것, 참인 것, 믿을 수 있는 것)와 개인적인 주관적 범주(불확실한 것, 한 쪽으로 치우친 것, 거짓인 것, 위험한 것)로 구분된다. 불행하게도 객관적 수호자들에게 이 실재는 실재가 아니다. 이것은 계몽운동의 허구이며, 계몽운동적 합리주의자들이 그 실재가 참이라고 확신하였을지라도 결코 실제적으로 존재하지 않았다.

기독교인들에게 객관성은 결코 결론이 아니다. 왜냐하면 모든 객체들 배후에는 항상 하나의 주체, 곧 궁극적인 주체일 뿐 아니라 또한 인격적인 주체이신 하나님이 있다. 만약 이것이 사실이라면 우주 안에 있는 그 어느 것도 순수하게 객관적이지 않다. 우주 안에 모든 사물은 자기와 연합된 주관적 가치를 갖는다. 왜냐하면 하나님은 모든 것, 즉 떨어지는 참새들, 참새를 만드는 탄소와 수소 원자, 참새가 떨어지도록 하는 중력, 그리고 우리가 상상하는 그 모든 것에 대한 주관적 가치를 가지고 계시기 때문이다. 바로 주체와 객체로 구분하는 것이 비성경적이다. 왜냐하면 성서 안에는 항상 주체-객체 상호작용이 있기 때문이다.[25)]

이 우주 안에서 유일한 기독교인들은 객관적인 계몽운동의 허구보다 오히려 주체로서의 상호작용을 더 믿어야 한다. 즉, 이 우주 안에서 우리는 인격적 주체로서 다른 인격적 주체들 및 궁극적인 인격적 주체와 함께 상호작용을 한다. 그리고 변화하는 방식과 정도 속에서 인간의 인격적 주체들과 궁극적인 인격적 주체가 존중하는 객체와 우리는 상호 작용한다.

우리는 계몽 운동으로부터 이동하여 다시 하나님의 우주로 들어가야 한다. 하나님의 우주는 객관적이지도 주관적이지도 않으며, 상호주관주의적(Intersubjective)이다. 즉, 객체를 만들어낸 우주와 창조되지 않은 주체(하나님) 모두는 경이적인 방법으로 상호 작용한다.

우리의 신학이 이 인격적, 상호주관주의적 (그리고 성서적) 감각을 다시 느낄 때, 그것은 포스트모던 사람들에게 기계론적이며 시대에 뒤떨어진 것, 다시 말해 현대적인 것으로는 들리지 않을 것이다.

I is for Irony 아이러니

칭찬을 하는 것인지 혹은 풍자적 패러디인지를 판단하는 것이 어려운가?

프로 미식축구 코치 존 매든(John Madden)이 선수들에게 하는 이야기가 있었다. "장님이 되어가는 노새(자기 자신을 지칭)를 걱정하지 말고 차에 타라." 매든은 정말로 이 이야기의 의미를 결코 알지 못했다고 한다. 그러나 그 이야기는 늘 영향을 끼치는 것처럼 보였다. 그래서 그는 이 이야기를 계속했다.

포스트모던인들은 어떤 방식이든 패러디(parody), 풍자(satire), 반어법(irony) 등을 즐긴다. 포스트모던인은 불가사의(conundrum)를 제조하는 놀라운 목수들이다.

포스트모던인들은 진부한 표현을 넘나들며 쾌활하게 미끄럼을 타려고, 믿을 수 없이 숙련된 기술과 발달과잉의 감각을 즐긴다. 풍자는 환영과 원근화법의 이동하는 각도의 다양성을 통하여 포스트모던인이 생활하는 방식을 보여준다. 더글러스 코플랜드(Douglas Coupland)의 글 중에는 오래된 친구가 스콧(Scout)에게 이야기하는 장면이 나온다. "나는 풍자의 지옥에서 탈출하려 한다. 믿음 안에서의 냉소주의, 명료성 안에서의 무질서, 헌신 안에서의 염려에서 탈출하려고 한다. 그러나 그것은 힘들다. 왜냐하면 나는 삶에 대하여 성실하도록 노력해야 하기 때문이다. 그래서 나는 TV를 켜고 게임 쇼의 진행자를 보고, 나의 손을 들어 올려 항복한다." 스콧은 이런 이야기를 한다. "나는 그 선을 따라 어디인가에 균형이 있다고 생각한다. 우리가 황금의 삶을 위해 지불한 대가는 완전한 사랑을 믿지 못하는 것이었다고 생각한다. 대신에, 우리는 사랑이 어루만졌던 모든 것을 태운 풍자를 얻었다. 그리고 나는 이 풍자가 하나님을 잃어버리고 얻은 대가라고 생각한다."[26]

> 풍자적인 모던 예배자처럼 우리는 영화 예배당에 모인다. 우리는 매표소에 봉헌 제물을 지불한다. 우리는 우리의 제의 콘(ritual corn)을 산다. 우리는 빛이 아래로 내려가서 영화 마술이 시작할 때 경건한 기대로 조용히 한다. 우리가 영웅과 일체가 되는 영화 이야기를 통하여 … 우리는 영화의 승리자들 속에서 의기양양해 한다. 그리고 우리가 종교가 전혀 없는 기술 중심의 모던인이라고 믿는 동안, 우리는 이야기의 교훈에 의해 영적으로 고취되어진다. 그러나 우리의 참여의 깊이와 세기는 광신자의 열정과는 대단히 다른 종교적 열정을 나타낸다.
>
> – 지오프레이 힐[27]

라인홀드 니버(Reinhold Niebuhr)가 프리포스트모던인을 "미국 풍자의 연인" (that prepostmodernist lover of American ironies)[28]이라고 부른 것은 이 이유 때문이다. 또한 기독교인의 소설이나 몇몇의 기독교 소설이 베스트셀러일지라도, 포스트모던인들에 의해 매우 광범위하게 회피되고 혹평을 받는 것도 이 이유 때문이다. 한 비평가는 "저주도 음탕한 말도 없다. 물론 노골적인 명사도 없고 몸의 일부나 기능을 표시하는 동사도 없다. 무엇보다 익살이 없다. 우스갯소리도 없고, 실없는 소리도 없으며, 이중 의미도 없고, 핑계도 없고, 풍자는 더더욱 없다."[29]라고 말했다.

만약 당신이 풍자를 싫어한다면 마음의 준비를 단단히 하라. 왜냐하면 당신이 성서연구에 종사하는 포스트모던 학자들, 예컨대 컬럼비아 신학교

(Columbia Theological Seminary)의 월터 부르그만(Walter Brueggemann), 듀크(Duke)의 리처드 헤이즈(Richard Hays), 사업가이자 뉴만 신학대학교 (Newman Theological College)의 교수 마크 나노스(Mark D. Nanos) 혹은 조안 배들레이(Jo Ann Badley)와 같은 사람들의 말을 듣기 시작할 때, 당신은 성경 자체 안에 순진하지 않은 풍자적 줄거리 층들을 발견할 것이기 때문이다.[30] 예를 들면, 그들은 구약성서 안에 있는 군주정치를 향한 풍자적 태도나 '선한 이방인'(멜기세덱, 이드로, 헷 사람 우리아, 복음서의 이름 없는 로마 백부장, 고넬료, 그리고 특별히 이방인 여자 - 구약성서의 라합과 룻, 신약성서의 사마리아 여인과 수로보니게 여인)들을 향한 풍자적 태도를 당신이 인식하도록 이끌 것이다.

> 이 세상은 생각하는 사람들에게는 희극이고 느끼는 사람들에게는 비극이다.
>
> – 호레이스 왈폴(Horace Walpole), 1776년 8월 편지에서

실제로, 당신이 새로운 후기 자유주의 성서학자, 새로운 후기 보수주의 성서학자, 새로운 후기 성서비평학자들에 의하여 발표되고 깨우쳐진, 그리고 유쾌하고 파괴적이고 독창적이며 재치 있고 온몸에 스며드는 수준의 풍자를 맛보기 시작한다면, 당신은 과거에 설교하고 승인하였던 순진한 성경 읽기에 대해 부끄러워할 것이다. 하지만 두려워하지 말라. 일단 당신이 그 충격과 놀람을 이겨내면, 성경을 사랑하게 될 것이고, 이전보다 더욱 성경의 영감을 존경하게 될 것이다. 그리고 당신의 포스트모던 청중들은 성서 안에서 삶의 복잡한 풍자와 함께 강력하게 공명(共鳴, resonate)하게 될 것이다.

> 나의 믿음은 완전히 기독교 문화와 분리되어 있다.
> 나는 기독교 문화 안에 어떤 결점을 본다.
> 그러나 나는 기독교가 아닌 그리스도에게 나를 맡긴다.
>
> – 테크노 아티스트(Techno artist) 모비[31]

이 공명하는 성경 읽기는 포스트모던인들에게는 모던의 학자나 설교가들의 단순하고, 단조롭고, 명백하고, 흑백이며, 거의 수학적인 성서 읽기보다 몇 천 배의 가치가 있다.

I

1. Jim Forest, *Praying with Icons* (Maryknoll, NY: Orbis, 1997), 14, 19.
2. 도상학자의 과제는 기도의 매개체와 예배를 도울 수 있는 상징들을 바꾸어 발명하는 것이다. 매일 아침, 스트라빈스키(Stravinsky)는 러시아로부터 샀던 성상에 기도를 하기 전까지는 노트에 작곡을 하지 않았다. 실제적인 아이콘을 묘사한 *www.iarelative.com/virgin*을 접속하라. 2001년 7월 17일 접속.
3. Leonid Ouspensky and Vladimir Lossky, *The Meaning of Icons* (Crestwood, NY: St. Vladimir's Seminary Press, 1982), 27.
4. *US Catholic* (October 2000), 11에서 인용.
5. Ouspensky and Lossky, *The Meaning of Icons*, 27.
6. 불가사의한 은유를 통해, 미첼 호스(Michael W. Foss)는 우리가 외국 땅을 여행할 때뿐만 아니라, 집에서 머무를 때도 우리에게 의사소통을 할 수 있는 '문화적 실마리들'을 계산하는 것이 필요하다고 주장한다. 그의 저서를 보라. *Power Surge: Six Marks of Discipleship for a Changing Church* (Minneapolis: Fortress, 2000), 66-68.
7. 버지니아 울프(Virginia Woolf)의 예이츠(Yeats)에 대한 묘사. 다음에서 인용. Hermione Lee, *Virginia Woolf* (New York: Alfred A. Knopf, 1997), 567.
8. George Lakoff, *Women, Fire, and Dangerous Things: What Categories Reveal about the Mind* (Chicago: University of Chicago Press, 1987), xi.
9. 마르셀 다네시(Marcel Danesi)는 다음의 그의 저서에서 은유를 묘사하기 위해 '언어 마술(word magic)'이라는 문구를 사용한다. *Of Cigarettes, High Heels, and Other Interesting Things: An Introduction to Semiotics* (New York: St. Martin's Press, 1999), 93.
10. Richard Rorty, *Contingency, Irony, and Solidarity* (New York: Cambridge

University Press, 1989), 7.

11. 더 많은 맥머누시즘(McManusism)들에 대한 자료는, 다음의 그의 저서를 보라. *An Unstoppable Force: Dancing to Become the Church God Had in Mind* (Loveland, CO: Group Publishing, 2001).
12. David Gelernter, "Fast Enough for You? [Review of George Gilder's *Telecosm*]" in *National Review* (25 September 2000), 50.
13. 약 4년간에 출판된 두 개의 개정판에서 부제의 변동사항을 주목하라: Frances Cairncross, *The Dearth of Distance: How the Communications Revolution Will Change Our Lives* (Cambridge, MA: Harvard Business School Press, 1997), *The Death of Distance: How the Communications Revolution Is Changing Our Lives* (Cambridge, MA: Harvard Business School Press, 2001).
14. 이것들은 William J. Mitchell의 *"e-topia: Urban Life, Jim - But Not As We Know It"* (Cambridge, MA: The MIT Press, 1999), 155와 유사한 어휘이다.
15. 랠프 무어는 우리에게 이러한 점을 상기시킨다. "목회 사역의 출발점인 신학교는 최근 미국에서 혁신을 일으킨다. 신학교들의 설립에 앞서, 목회 사역을 위한 세 가지의 뛰어난 훈련 양식들을 가져야 한다: 연합교회들과 장로교회들은 대학에 따른 도제제도의 시스템을 도입했다. 현직 감리교도 훈련은 도제 전도사와 평신도 리더와 순회 교구의 심방을 통해 연합한다. 목회자로 세워져서 훈련받는 동안 순회 교구 심방에서 한 달에 한 번씩 설교를 해야 한다. 평신도 지도자들은 실제적인 목자였으며, 나머지 모임을 향해 달렸다. 마지막으로, 남부의 침례교는 그들의 천막 만들기 사역(tent-making ministries)을 추진하였다. 이것은 남부지방과 국경에서 가장 효과적으로 사용되었다." (Ralph E. Moore, *Friends: The Key to Reaching Generation X* [Ventura, CA: Regal Books, 2001], 86).
16. Denise Levertov, "Cloud Poems III, The Cutting-beam," in her *The Freeing of the Dust* (New York: New Direction, 1975), 63.
17. Dalai Lama, Robert Kiely, and Dom Laurence Freeman, *The Good Heart: A Buddhist Perspective on the Teachings of Jesus* (Somerville, MA: Wisdom Publications, 2000). 이 책은 크리스천 명상 협회에서 티벳 불교의 지도자들

에게 그리스도의 가르침을 읽고 그의 종교적인 관점으로부터 그들에게 소견을 요청했으므로 주목할 만하다.

18. "Look at It Our Way: Asian Bishops Respond to Rome," *The Tablet* (2 May 1998), 571.

19. 토마스(R. S. Thomas)의 동일주제 모음시집인 『대위법(*Counterpoint*)』에서 두 번째 부분 "Incarnation"의 "Other Incarnations"이다. R. S. Thomas, *Counterpoint* (Newcastle upon Tyne: Bloodaxe Books, 1990), 33.

20. N. T. Wright, *The Epistles of Paul to the Colossians and Philemon,* Tyndale New Testament Commentaries (Grand Rapids: Eerdmans, 1986), 79.

21. William Lane Craig, "Politically Incorrect Salvation," in *Christian Apologetics in the Postmodern World*, ed. Timothy Phillips and Dennis Okholm (Downers Grove, IL: InterVarsity Press, 1995), 77.

22. 프란치스코 바렐라(Francisco J. Varela)에 의해 정의된 '과학의 객관주의자 이해(the objectivist understanding of science)'이다. Francisco J. Varela, *Principles of Biological Autonomy* (New York: North Holland, 1979), 276-77.

23. 리차드 사이토뷔(Richard E. Cytowie)의 설명이다. Richard E. Cytowie, *The Man Who Tasted Shapes* (New York: G. P. Putnam's Sons, 1993), 226.

24. 진리를 증명하는 방법은 언어를 통해 조정한다고 프랭크 버텔(Frank T. Birtel)은 콜럼버스의 예를 들면서 설명한다. "콜럼버스가 아메리카 대륙을 발견하고 세계가 완전히 둥글다는 것을 증명한 사람이라고 언급한 사람이 이 같은 사실을 모르는 콜럼버스에게 말한다면, 도대체 이 연결된 언급의 실체는 무엇인가?" 버텔은 질문에 이어 말한다. "신학은 언어와 다른 언어학의 은유와 문화적 공동체 안에 있을 때, 유효한 언급은 잃어버린다. 하나의 공동체 안에서 살아있는 신앙의 모임은 로마제국과는 다르다." (Frank T. Birtel, ed., *Reasoned Faith: Essays on the Interplay of Faith and Reason* [New York: Crossroad, 1993], 166-67).

25. '객관성'에 관한 가장 정확한 정의는 스탠리 그렌츠(Stanley Grenz)로부터 유래한다. 그는 '객관성'을 우리가 듣고, 보고, 맛보고, 만지고, 냄새 맡을 수 있는 관점에서가 아니라, 하나님께서 이루신 세계라는 관점에서 설명한다. 다음의

그의 에세이를 보라. "Articulating the Christian Belief-Mosaic: Theological Method after the Demise of Foundationalism," in *Evangelical Future: A Conversation on Theological Method*, ed. John G. Stackhouse Jr. (Grand Rapids: Baker, 2001), 104-36.

26. Douglas Coupland, *Life After God* (New York: Pocket Books, 1994), 287, 273.

27. Geoffrey Hill, *Illuminating Shadows: The Mythic Power of Film* (Boston: Shambhala,1992), 3.

28. David Tracy, "Modernity, Antimodernity, and Postmodernity in the American Setting," in *Knowledge Belief in America: Enlightenment Traditions and Modern Religious Thought*, ed. William M. Shea and Peter A. Huff (New York: Cambridge University Press, 1995), 329.

29. *Time* reporter Martha Duffy in a review of Christian fiction, "The Almighty to the Rescue," *Time*, 13 November 1995, 107.

30. Walter Brueggemann, *The Bible Makes Sense* (Louisville: Westminster John Knox, 2001) and *Texts That Linger, Words That Explode: Listening to Prophetic Voices* (Minneapolis: Fortress Press, 2000); Richard Hays, *Complete Interpretation of the New Testament* (Louisville: Westminster John Knox, 1998); Mark D. Nanos, *The Irony of Galations: Paul's Letter in First-Century Context* (Minneapolis: Fortress, 2001).

31. 모비(Moby)는 계속해서 언급한다. "그러나 나에게 있어 우주를 지켜보는 것은 하나님의 존재, 최소한 설계자의 존재를 말해주는 것입니다. 그리고 여러분이 설계자의 특징을 이해하기 원한다면, 여러분은 우주의 특징을 지켜보십시오. 여러분이 하나님에 대해 배우기 원한다면, 숲을 지켜보십시오." 다음을 참조하라. "Moby: Animal-Right?: Tony and Dave Talk to Moby," *Retroactivebaggage* 14 (October 1996). *www.baggage.co.uk*. 2001년 4월 19일 접속.

J is for J-factor
J-인자

* 타잔이 제인에게 말했을 때, 제인은 타잔에게 대답했다. "넝쿨 붙잡는 것을 잊지 마세요."[1]

* 아르키메데스(Archimedes)의 점. 외부에 있는 객관적인 점으로 이 점이 없으면 모든 것이 주관적이 된다. 예수님은 절대적인 진리, 곧 절대적인 주체/객체이며, 그분 이외의 모든 것을 상대화하는 객관적 기준점이다. 예수님은 하나님의 완전한 표상이시다. 포스트모던의 권위 확증을 시도한 이 입문서 「미래교회 성공키워드 A to Z」 안에서, 우리가 말한 모든 것은 한 단어, 곧 '예수'로 요약될 수 있으며, 그리스도의 외침도 단 한 마디 말 곧 '예수'로 요약될 수 있다.

예수님은 우리의 자오선이다. 예수님 안에서 창세기는 다시 시작한다.

> 혈통과 태생상 나는 알바니아인이다. 국적으로 나는 인디아인이다.
> 나는 가톨릭 수녀이다. 나의 소명으로 말하면 나는 전세계에 속한다.
> 그리고 나의 마음으로 말하면 나는 완전히 예수님에게 속한다.
> – 테레사 수녀(Mother Teresa)

예수님은 대답하신다. 글자 그대로 예수님은 모든 질문에 대답하신다. 예수님은 우리가 그 대답을 찾도록 돕지 않으신다. 예수님은 우리에게 그 대답이 무엇인지를 보여주지 않으신다. 예수님이 그 대답이다.

당신의 정면에 있는 사람에게 일어날 수 있는 가장 중요한 일은 무엇인가? 아마도 생명의 떡인 예수님을 만나는 것일 것이다. 만약 예수님을 더 잘 따르려고 한다면, 당신이 이제까지 만났던 모든 사람은 이전보다 더 좋아질 것이다. 포스트모던의 영혼이 굶주려 있는 것은 재미있거나 변하는 여러 가지 통찰력이 아니라 유일한 보편적 진실이다.[2)]

> 나는 나의 구속자가 살아 계시다는 것을 안다. 그리고 그분이 마지막 날에 이 땅 위에 서 계실 것을 안다. 그리고 이 육체가 비록 파괴될지라도, 나는 하나님을 바라보리라. 나는 이방인이 아닌 그의 백성으로서 그의 눈으로 바라보리라.[3)]

그러나 생명의 떡인 예수님은 모든 종족과 문화가 거둘만한 신선한 만나가 될 필요가 있다. 기독교 시대에는 사람들이 예수님을 거부하는 것이 무엇을 잃는 것인지를 알았다. 하지만 이 새로운 시대에, 우리는 이 세계가 모르게 잃고 있는 예수님을 선물해야 한다. 어떤 전기(biography)가 각각의 세대를 위해 다시 써져야 할 필요가 있는 똑같은 방식으로, 성육신에 대한 이야기는 구체화 되어야 할 필요가 있다.[4)] 곧 예수님은 모던 이전 시대에 포스트모던 사상을 가지고 있었던 첫 번째 사람으로 구체화 되어야 할 필요가 있다. 그래서 그리스도가 단지 그들의 삶의 중심이 되도록 하지 않고, 그들의 삶이 그리스도의 삶의 중심으로 옮겨갈 수 있도록 해야 한다.

> 믿음의 창시자요 완성자이신 예수를 바라봅시다.
> – 히브리서 12:2, 표준새번역 개정

수필가이며 소설가인 데이비드 로지(David Lodge)에 따르면, 역사 속에서 가장 중요한 지적인 말들은 다음의 세 가지였다.

1. 데카르트(Descartes) : "나는 생각한다. 고로 존재한다."
2. 니체(Nietzsche) : "신은 죽었다."
3. 다윈(Darwin) : "울음은 수수께끼 같은 것이다."[5)]

로지는 역사 속에서 가장 중요한 네 번째 말을 잊었다.

4. 하나님에 대한 예수님의 정의 : "하나님은 사랑이시다."

이 말씀은 예수님이 새로운 계명이라고 부른 것이다. "내가 너희를 사랑하는 것처럼 너희도 다른 사람을 사랑하라." 예수님은 황금률을 이 티타늄률로 바꾸셨다.

새롭게 출현하는 문화 안에서 급진정통 기독교인들이라 할지라도, 예수께서는 그들의 알파와 오메가이어야 하며, A와 Z, 곧 이 책의 첫 단어와 마지막 단어이어야만 한다.

또한 성서의 말씀에 보면 "또 그가 말씀하셨습니다. … '나는 A에서 Z까지이다. 나는 처음이며 나중이다'"(계 21:6).

J

EPIC 활동

J-factor
J-인자

당신의 팀원이 함께 모여 생일케이크를 만들거나 사도록 하라. 초, 풍선 그리고 다른 파티 축하품을 준비하라. 도시의 한 구역으로 가라. 당신은 어른이나 아이를 막론하고, 생일이 곧 다가오는 사람들을 찾을 때까지 문을 두드려 이야기하거나 거리에서 사람들과 이야기하라. 파티 축하품을 주고, 초를 켜고, 생일축하 노래를 부르라. 그리고 떠나라.

- 서로 각 사람의 경험을 이야기하라.

- 예수님이 "너희가 여기 내 형제자매 가운데, 지극히 보잘것없는 사람 하나에게 한 것이 곧 내게 한 것이다."라고 말할 때, 그것은 무엇을 의미하는가?(마 25:40)

- 공유된 경험에 기초하여, 그리스도와 같은 교회는 무엇이라고 생각되는지 설명하라.

J is for Judas
유다

가룟 유다의 가장 큰 문제는 자기반성에서 탈출할 능력이 없었다는 데 있다. 그는 자기반성을 함으로써 궁극적으로 죽음에 이르렀다. 자기반성을 하는 사람에게는 모든 것이 오직 '나에 관한' 것이다.

새롭게 출현하는 문화 안에서 자기반성의 가장 중요한 두 가지 보기는 이렇다.

1. TV는 TV에 관해 보여준다.[6)]
2. 포스트모던의 모든 토론들은 포스트모던에 관한 이야기를 위해 모던의 개념들을 사용한다.[7)]

우리 모두를 향한 또 다른 이름, 유다. 그리고 베드로, 안드레, 요한, 마태, 그리고…. 철저히 배운다는 의미의 '제자'(di-sciple)보다는 '어리석은 제자'(DUH-sciple)에 더 가까운![8)]

인간은 예수님을 배신한다. 예수님을 배신하지 않으려는 우리의 모든 노력에도 불구하고 의심할 바 없이, 우리는 베드로가 제사장집의 안뜰에서 했던 것처럼 이 책 안에서 그를 여러 번 배신하였다.

그리스도여, 자비를 베푸소서.

주여, 자비를 베푸소서.

그리스도여, 우리에게 자비를 베푸소서.

'어리석은 제자'(DUH-sciple) 모두에게.

• *Footnote* •

J

1. 인용구를 제공해 준 제니 잭슨 아담스(Jenny Jackson-Adams)에게 감사한다
2. 리차드 로리(Richard Rory)의 말. 다음에서 인용. David Brooks, *Bobos in Paradise: The New Upper Class and How They Got There* (New York: Simon & Schuster, 2000), 237.
3. 욥 19:25, 27. '죽음의 매장 순서(The Order for the Burial of the Dead)'를 보여줌. *The Book of Common Prayer*, 1979 개정판.
4. 버지니아 울프는 "각 세대에 의해 다시 언급 되어지는 몇몇의 이야기가 있다." 고 주장한다. 그녀의 저작 모음집을 보라. "Not One of Us"(October 1927), *Collected Essays*, ed. Leonard Woolf (London: Chatto & Windus, 1966-67), 4:20: Hermione Lee, *Virginia Woolf* (New York: Alfred A. Knopf, 1997), 11에서 인용.
5. 주요 인물 중 하나로 랠프 메신저(Ralph Messenger)로 언급. David Lodge, *Thinks: A Novel* (New York: Viking, 2001), Joyce Carol Oates, "Hot-Blooded Brits," *TLS: Time Literary Supplement* (2001년 2월 23일자), 21에서 인용.
6. 토크쇼를 해체하고 분석하는 프로인 HBO의 기발한 'behind-the-scenes'의 래리 샌더스 쇼(Larry Sanders Show)이다. 이전에는 Murphy Brown, Sports Night, Frasier 그리고 MTV의 Real World가 있었다. Mystery Science Theater 3000과 Beavis and Buff-head와 더불어, 우리는 코미디언들, 외국인들을 볼 수 있으며, 심지어는 TV보는 것을 만화로 그릴 수 있다.
7. 이러한 역행성(reflexivity)에 대해 더 많은 정보는 다음을 참조하라. Gustavo Benavides, "Modernity" in *Critical Times for Religious Studies*, ed. Mark C. Taylor (Chicago: University of Chicago Press, 1998), 186-201.
8. 인용. Deborah Krause, "School's in Session: The Making and Unmaking of Docile Disciple Bodies in Mark" in *Postmodern Interpretations of the Bible-A Reader*, ed. A. K. M. Adam (St. Louis: Chalice Press, 2001), 177.

K is for Kaleidoscopic Change 만화경적 변화

문화는 만화경(萬華鏡)과 같다. 흔들거나 약간만 비틀어도 그 모양이 변하여 이전 모양으로 결코 돌아오지 못한다.

포스트모던 문화는 빛을 굴절시키는 거울의 공간이다. 어떤 각도에서든지 새로운 아름다움과 신선한 성숙이 있다.

변화의 속도는 너무나도 빠르다. 그 빨라지는 속도가 대부분 기하급수적으로 변하고 불연속적이며, 파괴적이고 불안정하다. 모든 것의 반감기는 짧아졌다. 머레이 겔-만(Murray Gell-Mann)은 "내가 위대한 세 가지 차원(three orders of magnitude)을 맛볼 때 나는 새로운 과학 분야로 들어간다."라고 하였다.[1] 모던 세계를 건설했던 뉴턴의 패러다임 이래로 과학 사회는 분명 세 가지 새로운 과학을 경험하였다.

포스트모던 지도자들을 위한 생태의 핵심 법칙 중에 하나는 L>C이다.

L>C란 생물이 생존하기 위해, 생물의 '배움에 대한 비율'(L)은 환경 속에서 '변화의 비율'(C)보다 크거나(>) 같아야만(=) 한다는 것을 의미한다. 살아 있는 모든 것은 학습하는 유기체이다.[2]

'후천적 지식이냐 선천적 지식이냐'의 구별은 더 이상 이 새로운 세계에서 적용되지 않는다. 오직 학습자와 비학습자가 있다.

> 우리는 우리가 무엇인지 알지 못한다. 우리는 우리가 기꺼이 배우려는 무엇이다.
>
> – '세계에서 가장 비싼 포춘쿠키'의 목록에서[3]

기하급수적 변화의 비유 #1 : 이 책을 기록하는 데 사용되는 펜티엄 프로세서는 1초에 1.6기가바이트(gigabytes)의 비율로 데이터를 처리한다. 새 플레이스테이션(PS2)에 정보를 공급하는 칩(chip)은 1초에 약 48기가바이트의 비율로 자료를 전달한다. 다시 말하면, 비디오 기술 안에서 단 한 번의 기능향상은 50에서 100배의 자료처리능력의 향상을 가져올 수 있다. 팩맨(Pac Man)을 소니 플레이스테이션(PS2)에 비한다면, 로마의 양초를 대륙간 탄도미사일에 비할 수 있다.

기하급수적 변화의 비유 #2 : 만약 어떤 사람이 예수를 사랑한다는 비밀을 두 사람에게 이야기했다면, 그 두 사람이 신앙과 약속을 지키고, 다음 날 두 사람에게 또 예수님에 대한 사랑을 이야기하는 방식으로 계속하면, 20일 안에 100만 명 이상의 사람들이 그 비밀을 나눌 수 있다. 30일 안에는 10억 이상의 사람들이 나눌 수 있고, 32일 내에는 지구상의 모든 인류가 우리의 비밀 안에 있게 될 것이다.

모던 교회는 균형을 잃었다. 그동안 배척해오던 문화로부터 무시당하고 있기 때문이다. 결과적으로 교회는 단순히 선 채로 있고, 견고히 서며, 붕괴되지 않기만을 위해 노력하였다. 교회는 변화를 원치 않았다. 왜냐하면 변화는 그들에게 패배 혹은 부패와 같은 느낌을 주기 때문이다. 이러한 견고한 확고부동은 새롭게 출현하는 포스트모던 세계에서 교회를 위한 마지막 말이 될 수는 없다. 왜냐하면 견고히 선다는 것은 부패해 가는 것에 대한 변명이 될 수 있기 때문이다.

궁극적으로 교회는 단순히 견고히 서거나 변화되기 위해 존재하는 것이 아니다. 어둠 속의 양초처럼, 생고기 안에 있는 소금처럼, 빵 안에 스며있는 이스트처럼, 들판의 씨처럼, 교회는 하나님의 나라로 긍정적 변화를 초래하는 변화의 매개체가 되어야 한다. 세상은 변하는 중이다. 교회도 변하는 중이다. 변화도 변하는 중이다. 한 가지 알아야 할 것은 우리가 변화를 초래하되 더 좋은 쪽을 향하는 방식으로 변해야 한다는 것이다. 만약 당신이 변화를 좋아하지 않는다면 만화경적 변화에 관한 이 이야기는 나쁜 소식이 될 것이다. 더 나쁜 소식은 당신이 변화에 저항한다면 더 변하게 될 것이라는 것이다. 변화에 대해 반항한다면, 당신은 더 반항적인 사람으로, 더 긴장된 사람으로, 더 화나고 더 슬프고 더 투쟁적인 사람으로 변하게 될 것이다. 당신이 저항해왔던 변화는 더 나쁜 쪽으로 변해갈 것이다. 그리고 당신 안에서 그 변화는 더 악화될 것이다. 이것은 개인에게만

19세기 중엽 이후 교육 분야에서 논쟁이 있었다. 그 논쟁은 몇몇 사람이 신뢰하던, 바로 그 교육적 경험의 기초를 위협하였던 새로운 기술에 관한 것이었다. 몇 십 년 동안 학생들은 필기를 하거나 시험을 볼 때 연필을 사용하였다. 그러나 1880년 새로운 종류의 연필이 소개되었다.
새로운 연필은 한 쪽 끝에 지우개가 있었다. 이런 것은 이전에 전혀 없었다. 그래서 많은 교사들이 궐기하였다. 왜 그랬을까? 지우개는 학생들이 마음 놓고 실수를 하고, 곧 그것을 감추어 버릴 수 있을 것이라고 생각했기 때문이다.
"학생들이 당초에 실수를 저지르지 않도록 하자. 그러면 지우개가 필요치 않을 것이다."

이 아니라, 조직에도 해당된다. 파괴적이고 비의도적인 방식의 변화를 피하기 위해, 건설적이고 의도적인 방식의 변화를 선택하는 것이 바람직하다.

[모호함(Blur) 참조]

변화를 싫어하는 집사 위원회가 목회자에게 이야기하였다. "우리의 교회가 변화하는 것을 원치 않는 이유는 우리의 삶이 다른 모든 곳에서 변화에 의해 습격 받고 있기 때문입니다. 우리는 집에서, 직장에서, 문화에서 무차별적으로 공격받고 있습니다." 그 목회자는 사임하였다. 누가 이겼다고 할 수 있겠는가?

K is for Karaokees 가라오케

새롭게 출현한 문화 중 하나가 가라오케(Karaokees) 문화이다. 사람들은 그들 스스로 마이크 잡기를 원한다. 혹은 최소한 그들이 만약 마이크를 원한다면 마이크를 잡을 수 있다는 것을 다른 사람들이 알기를 원한다.

워싱턴 포스트의 기자 밥 우드워드는 2000년 3월 30일에 캔자스 주립대학에서 최초로 상호 작용하는 랜든 연속강의(Landon Lecture series)를 시도한 것을 자랑스러워한다.[4] 왜냐하면 거기에서 청중에게 물었던 일련의

K

질문들에 의해 그가 주목받았기 때문이다. 최근 미국의 대통령 세 명이 그들의 연설 안에 가라오케식의 대화법을 도입하였다. 레이건은 사람과 청중이 그의 연설로 접근하고, 또한 자기들의 이야기를 하는 전통을 시작하였다. 빌 클린턴은 더욱더 그 전통을 발전시켰다. 그러나 조지 부시는 그의 취임 연설 후 그의 첫 번째 대연설에서 단순히 청중 안에 있는 사람들을 지시하거나 청중들의 이야기를 하는 것으로가 아니라 청중들에게 마이크를 건네주고 그들의 이야기를 하도록 초대함으로써 가라오케의 범위를 키웠다. 청중들이 말한 이야기는 세금감면 없이 복지를 유지하기 위해 어떻게 해야 할 것인가에 관한 이야기, 신앙적 시도가 어떻게 생사의 결단을 내리게 했는지에 관한 이야기 등이었다.

포스트모던시대에 모든 사람은 전문가가 되고, 전문가로서의 존경을 받는다.

이 책의 본문에 왜 단락이 있는가? 그것이 하나의 가라오케이다. 그것들은 독자에게 아주 조금의 휴식 시간과 약간의 멈춤을 주고 이면을 말하며, 주석을 달고, 질문하거나 머뭇거리는 형태로 당신의 응답을 장려한다.[5] 그것은 당신이 다른 관점 혹은 반대되는 관점까지도 가질 수 있다는 것을 의미한다.

왜 우리는 이야기할 때에 가능한 한 가장 짧은 문장으로 마치려고 노력하는가? 그것은 하나의 가라오케이다. 만약 내가 나의 문장을 끝내기 전에 당신이 끼어들어 내 문장을 끝내버린다면 그것은 당신의 문장이 돼버린다. 나는 당신이 도달하기 전에 그곳에 도착해야 한다.

언어학자들이 왜 포스트모던인들 사이에서는 '톤이 올라가는 억양'이 있다고 하는가?[6] "나와 같이 있을래요?" 같은 제안에는 동의하지 않을 수도 있지만, "나의 이야기를 끝까지 들어주세요. 어때요?"라는 말은 불확실한 수락이나 도움의 필요가 아니라 청중의 참여를 강화시키는 의미가 내포되어 있다.

가라오케는 '퍼포먼스 예술'(performance art) 혹은 보다 좋게 말하면 '참여 예술'의 포스트모던 형태이다.

K is for Kitsch 저속한 작품

존재하는 모든 것은 예배와 기도의 수단들일 수 있다. 세속 문화조차도 말이다. 세속 문화의 저속함, 몽상, 섹시함, 저속한 작품(Kitsch)까지도.

저속한 작품(Kitsch)은 두 수준의 문화 안에서 발견되며, 모던 교회는 그 두 수준의 문화를 받아들이려고 준비하였다. 모던 세계 안에는 예술의 세 수준이 있다.[7] (1)상류 문화, (2)대중문화, 그리고 (3)민속 문화. 모던 교회는 200년 동안은 상류 문화를 사랑하였다. 교회는 마침내 몇몇 민속 문화(남부의 복음성가, 흑인의 복음성가)의 형태들을 받아들였지만 라틴의 살사(salsa), 자바의 가믈란(gamelan), 자메이카의 레게(reggae), 콩고 아샨티(Ashanti)족의 영창(Chants), 인도의 시타르(sitar) 소리 세계는 받아들이지 않았다.

그러나 모던 교회는 대중문화에게 그들의 문화를 양보하지 않을 것이다.[8] 그들에게 대중문화는 악마의 행성으로 간주되었기 때문이다. 현재 교회가 팝뮤직 문화와 접촉할 수 있는 유일한 방법은 '방화 장갑' 혹은 '얼음 집게'를 사용하는 것뿐이다.

대중문화나 민속 문화에서 우연히 저속한 작품들을 만난다. 모던 교회는 이 두 투기장 안에서 가장 많이 싸운다. 게다가 새롭게 출현하는 문화 안에서 이 세 개의 모든 예술 형태는 융합하는 중이고, 그들이 연합하는 곳의 중심에는 팝뮤직 문화가 자리 잡고 있다. 오늘날 사람에게 생동감을 주는 많은 교향악(symphony, 상류문화)을 유지하는 유일한 방법은 관현악단이 팝뮤직 문화(비틀즈, 브로드웨이 쇼 등)뿐만 아니라 민속 음악 모두를 연주하는 것이다.

저속한 작품(Kitsch)은 성육신적 신학에 대한 포스트모던적 동의이다. 하나님은 영과 육에서 모두 발견되어야만 한다(아무리 방식이 이상할지라도). 포스트모던인들은 이 지상에 숨겨진 영원의 계시 안에서 한껏 즐긴다. 아무리 미천하거나 이상해 보이는 것일지라도 예배에 포함되지 못하거나 기도의 제목이 될 수 없는 것은 없다. 하나님의 영은 작고, 이상하고, 저속해 보이는 기계들을 만드는 제너럴 일렉트릭보다 더 많은 것을 하실 수 있는 능력이 있다.

조심하라. 만약 모던인들이 명백함을 이야기하는 경향을 가지고 있었다면, 포스트모던인들은 기괴함을 이야기하는 경향을 갖고 있다. 기괴함, 저속함, 기발함, 고도의 장난 그리고 통속을 함께 놓아라.

K

1. 2001년 4월 1일 열린 스탠포드 대학(Stanford University)의 심포지움 "Will Spiritual Robots Replace Humanity by 2100?"에서 "Spiritual Robots: John Holland Presentation: Conscious Machines, Complexity," 존 홀랜드(John Holland)의 강연에서 인용; *www.technetcast.com/tnc_program.html?program_id=82*. 2001년 8월 1일 접속.
2 Leonard Sweet, *Eleven Genetic Gateways to Spiritual Awaking* (Nashville: Abingdon, 1998), 48.
3. 매 2년마다 기혼 협회(Gihon Foundation)에서 세계적인 사상가들을 초청하여, 각각의 지도자들에게 모든 사람들의 마음을 드높이는 하나의 문제점을 확정하도록 요청한다. 그들은 의견을 반영한 것을 그들의 웹사이트 *www.gihon.com*에 출판한다. 이것은 그것들 중 하나이다. 2001년 7월 17일 접속.
4. 참고. Bob Woodward, "Honest Communication: Finding Out What Really Happened," *Vital Speeches of the Day* 61 (1 June 2000), 484-88.pqasb.pqarchiver.com/votd. 2000년 10월 4일 접속.
5. 에릭 샌본(Eric Sanborn)의 에세이 "Publishing for Postmoderns"를 보라. 이것은 *www.pcisys.net/~stanford/pubpomos.htm.*으로부터 정돈될 수 있다. 2002년 6월 11일 접속.
6. Karen Ritchie, "Marketing to Generation X," *American Demographics* (April 1995), 36.
7. 미첼 캄먼(Michael Kammen)은 인기 문화(popular culture)와 대중 문화(mass culture) 사이에 적어도 전자 문화(electronic culture)가 도래하기까지는 차이가 있다고 주장한다. 그에게 있어 '인기 문화'는 전통문화이다; 원래, 전통문화는 참여적이고, 사람들은 각각 다른 사람들과 상호작용하며, 그들 자신의 풍습과 관습을 창조한다. 대중문화는 대중 상호소통 기술의 생산품이다.

이러한 사람들은 다른 사람들의 창조성을 수동적으로 받아들이는 사람들이다. "인기 문화는 제2차 세계대전의 10년 동안 완전히 새롭게 부상한 대중 문화가 점점 자리를 대신 차지할 때까지, 약 1885년부터 1935년의 반세기 동안 절정에 다다랐다. 그것은 편안히 지켜보는, 관찰만 하는, 게으름을 피우는 '관전자증'을 생산해 냈다." Michael Kammen, *American Culture, American Tastes: Social Change and the 20th Century* (New York: Alfred A. knopf, 1999), 22-23, 70, 76-83, 186을 보라. 인용구는 다음을 참조하라. Horold Perkin, "The People and the Mass," *TLS: Times Literary Supplement* (25 February 2000), 10.

8. 대중문화에 대해 몇몇의 포스트모던적인 접근은, 대중문화(밴드, 영화, TV쇼 등) 안에 중요한 요소를 중심으로 성경 공부를 제공하며 영국을 기반으로 한 사이트인 *www.Damaris.org*에서 Damaris Trust: Relating Christian Faith and Contemporary Culture를 보라. 그리고 딕 스타웁(Dick Staub)의 Seattle Center for Faith and Culture website, *www.culturewatch.net*을 보라. 2001년 7월 17일 접속.

한글색인

ㄱ~ㄷ

ㅁ~ㅅ

ㅇ~ㅊ

ㅋ~ㅎ